行人交通安全

——基于视频检测和元胞自动机的人群疏散机理研究

XINGREN JIAOTONG ANQUAN

——JIYU SHIPIN JIANCE HE YUANBAO ZIDONGJI DE RENQUN SHUSAN JILI YANJIU

朱 诺/著

东北林业大学出版社

Northeast Forestry University Press

·哈尔滨·

图书在版编目（CIP）数据

行人交通安全：基于视频检测和元胞自动机的人群疏散机理研究／朱诺著．—哈尔滨：东北林业大学出版社，2016. 12（2025.5重印）

ISBN 978 - 7 - 5674 - 1008 - 4

Ⅰ．①行… Ⅱ．①朱… Ⅲ．①行人—交通运输安全—研究 Ⅳ．①U491. 2

中国版本图书馆 CIP 数据核字（2017）第 015618 号

责任编辑：赵　侠　姚大彬

封面设计：宗彦辉

出版发行：东北林业大学出版社

（哈尔滨市香坊区哈平六道街 6 号　邮编：150040）

印　　装	三河市天润建兴印务有限公司
开　　本	710 mm×1 000 mm　1/16
印　　张	11. 75
字　　数	160 千字
版　　次	2017 年 10 月第 1 版
印　　次	2025年 5 月第 4 次印刷
定　　价	49. 90 元

如发现印装质量问题，请与出版社联系调换。（电话：0451 - 82113296　82191620）

前　言

在各种交通方式中，步行可以独立地成为一种交通方式，并且构成各类交通出行的两端环节。在大型活动的场所里，人们一般采用步行的方式参与活动，各类设施都要满足行人行走的需要，行走的服务水平直接关系到活动的质量。因此，通过基于行人微观特征的宏观疏散行人流的研究，建立微观特征与宏观特征之间的联系，探索不同环境下不同行人流的特征和现象，是人群疏散研究的重点和热点，同时具有重要的理论意义，为行人的安全疏散和建筑物的整体结构合理化设计提出宝贵的方案。因此，本书从行人视频检测方法的研究、正常情况下的人群疏散模型研究和紧急情况下的人群疏散模型研究三个方面进行阐述。

第一，本书根据不同的交通状态，提出了低密度情况下基于行人运动的检测方法和高密度情况下基于人头的视频检测方法。在低密度状态下提出了基于行人运动的检测方法：从改进权值参数和控制方差两个方面对传统的高斯模型（GMM）进行了改进，有效地减少了由于交通冲突使得运动前景融入背景模型的可能；建立了基于 Kalman 滤波和 Mean-Shift 算法的目标跟踪方法，改进了多个运动目标相互合并或分离时的处理方法；通过 BP 神经网络对运动个体进行分类，进而得到行人的运动信息。在高密度状态下提出了基于人头的行人检测方法，提出了基于头发颜色在 RGB 和 HSV 颜色空间、脸部颜色

在YUV颜色空间的混合颜色模型进行头部区域检测；建立了基于
Canny算法与小波变换的人头轮廓提取方法，实现对人头轮廓的提
取；根据Hough变换提出了基于人头图像的圆环检测方法，对人头
进行精确定位并统计行人流量。最后，通过实际的实验分析，验证了
所提出的高、低密度状态下行人视频的检测方法的有效性和先进性。

第二，在对正常情况下的人群疏散模型研究中，本书建立了基于
元胞自动机的动态参数模型。在传统的动态参数模型的基础上引入了
感知参数，用来描述出口附近的行人密度对行人疏散路径和出口选择
的影响，通过用不同的行人分布状态与以往模型进行比较，模拟结果
证明这种改进是有效的，因为在对于门的选择上，除了对空间距离的
要求以外，密度也是一个很重要的影响因素。本书分别对无阻碍情况
下和有阻碍情况下的人群疏散进行了研究：对于无阻碍情况下的人群
疏散，本书分别研究了安全出口的最佳位置，以及单个门和多个门的
布局对疏散时间的影响，并对模型参数进行了最优选取，描述了疏散
时间、系统规模、行人密度、出口宽度之间的关系；对于有阻碍情况
下的人群疏散，本书考虑了障碍物布局对疏散时间的影响，同时考虑
当障碍物发生位置移动时对疏散时间的影响，分析了障碍物移动时
间、疏散时间、行人密度之间的相互关系。与此同时，为了验证所建
模型的可靠性和实用性，本书进行了相应的实际疏散实验，通过本书
所提出的视频检测方法和模型模拟的比较分析，发现模型的模拟过程
与实际疏散过程基本相符。

第三，在对紧急情况下的人群疏散模型研究中，本书从视线受影
响情况下的人群疏散、存在挤压情况下的人群疏散及发生火灾情况下
的人群疏散三个方面来对紧急情况下的人群疏散模型进行研究。针对
视线受影响的情况，本书从无疏散标志的从众疏散和有疏散标志的沿
墙疏散两个角度进行了研究，引入了行人视野半径的概念，并分析了

行人视野半径、行人密度、出口宽度对疏散时间的影响；针对发生挤压的情况，本书构建了元胞容量可变的 CA 模型，模型从方向参数和从众参数两个方面进行了考虑，分析了出口宽度、系统规模、行人密度与疏散时间的关系；针对发生火灾的情况，本书建立了火灾发生情况下存在挤压的人群疏散模型，模型考虑了火灾的发生对系统的领域值和行人疏散行为的影响，分析了火灾蔓延时间、出口宽度、行人密度、系统规模与死亡人数的关系。最后，本书仿真了三种情况下的行人疏散过程，从疏散模拟图来看，模型和更新规则较为合理并符合实际。

目 录

1 绪论

1.1 研究背景

随着中国国民经济的持续稳定发展，中国现代化、城市化水平显著提高，城市发展已进入快速增长时期，城市规模不断扩大，人口迅速增长，交通基础设施的建设也不断完善。发达的交通网络使居民的出行特点、出行环境均出现较大变化，居民出行频率、出行时间较以前有较大增加，加之我国部分区域人口密集，人们在短时间内高密度聚集变得更加容易。以北京为例，北京每年举办的大型活动数量庞大、类型众多、情况复杂，仅 2010 年举办的单场次参加人员在 1 000人以上的大型活动便有几千场，涵盖了经济、文化、体育、旅游、教育等社会生活的各个领域。2008 年 8 月北京举办了第 29 届夏季奥林匹克运动会，8 月 8 日开幕式当天，"鸟巢"周围奥林匹克中心区的人流达 16 万人（图 1-1）；2010 年 5 月上海举办第 41 届世界博览会，仅5 月 29 日一天，上海世博园当日入园人数达 50.50 万；2010 年 11 月广州举办第 16 届亚洲运动会，开幕式当天现场观众约有 3 万人，运动员约有 1 万人。这些大型活动的举办提高了我国在世界上的影响力，促进了我国经济的发展；但是吸引的大量观众也会影响到当地的交通，特别是大型活动疏散时的交通问题。此外，春运期间的各汽车站、火车站，每天都有大量的旅客聚集（图 1-2）。据估计，春运期间很多大型火车站每天发送旅客超过 5 万人。与此同时，在学校的教学楼、大型商场、超市、礼堂，还有一些大型聚会，如展览会、招聘会等，每每都有大量密集的人员流动。

图 1-1　2008 年北京奥运会开幕式

图 1-2　2011 年北京站春运

　　人群拥挤造成的各种事故数量逐年增加，这不仅给社会经济造成了巨大的损失，而且给人民生命和财产造成了严重的损害。全世界每年举办（或举行）的各类社会活动中，因人群拥挤导致的踩踏事故时常发生，人员伤亡也在所难免。

　　1991 年 9 月 22 日中秋节，山西省太原市"煤海之光"彩灯展，能容纳 4 万人的公园涌入了 10 万人，在通过园内一座石桥时，人员拥挤造成踩踏事故，106 人丧生，98 人受伤。

　　1994 年 12 月 8 日，克拉玛依市友谊宾馆发生重大火灾，造成 325 人死亡，130 人受伤，直接经济损失约 100 万元。

　　2000 年 12 月 25 日，河南省洛阳市东都商厦发生特大火灾事故，造成 309 人死亡，7 人受伤，直接经济损失 275 万元。

　　2004 年 2 月 5 日，北京密云彩虹桥事件造成重大社会影响。当时行人过度拥挤在热点区域，抢占观景的最佳地点，使得人员处于超高密度并且拥挤人群持续受到挤压，造成了 37 人丧生、24 人受伤的严重后果。

　　2008 年 9 月 20 日，深圳市龙岗区龙岗街道龙东社区舞王俱乐部发生一起特大火灾。事故共造成 43 人死亡，88 人受伤。火灾是由于舞台上燃放烟火造成的，起火点位于舞王俱乐部 3 楼，现场有一条大约 10 米长的狭窄过道。现场人员逃出时，过道上十分拥挤，因此造成惨剧。

　　2009 年 3 月 30 日，科特迪瓦国家足球队在阿比让迎战马拉维队。这场比赛是 2010 南非世界杯和非洲国家杯预选赛。大约 5 万名球迷试图涌入仅能容纳 3.5 万名观众的体育场，造成踩踏事件，至少 22 人死亡，132 人受伤。

　　2011 年 11 月 22 日，柬埔寨首都金边举行的送水节活动发生严重踩踏事件，至少 378 人死亡，755 人受伤。

从国内外的经验教训分析，只有了解大型活动的行人集散特性、行人的交通流特性，以及拥挤条件下的行人行为，才能够从行人规划、组织、管理和控制等方面减少行人自主的灵活性及行人彼此之间较强的非线性相互作用。因此，本书总结出针对行人运动特性的参数并建立数学模型，通过数据分析得出切实可行的解决方案，并利用这些成果在基础设施规划设计、行人交通组织、建筑物应急疏散、安全防范管理等方面提出科学化改进建议，这对行人流的理论研究及实际的行人疏散都有较强的指导意义。

1.2 研究的目的和意义

1.2.1 研究目的

人群疏散特征是广场、商场、娱乐场所等大型活动场所设计的基础，同时也是行人疏散设施设立的重要依据。行人疏散设施是行人交通的主要基础设施之一，一般人群密集的场所，同时也是行人生活必需的场所。为了设计合理的行人疏散设施或者对现有的行人交通或聚集设施进行安全检查，可以通过模拟仿真不同环境下的行人流状态，对现有的交通设施、人群疏散规则，以及建筑设施进行分析，排除安全隐患。人群在不同环境下，其微观行为不同，从而导致不同的宏观行人流特征。在商业步行街购物时，行人倾向于毫无目的地闲逛；在大型超市购物时，行人有一定的目的性并绕过某些展台直接到达目的地；在视线受影响的情况下，行人更倾向于沿着疏散标志进行疏散；在紧急疏散的情况下（如火灾），行人急于移动到安全的环境中去。

通过对不同环境中的人群研究，可以掌握行人流的宏观特征，同时可以在模拟仿真的基础上，制定、设置合理的人性化人群疏散规则和诱导标志。对大型人群集散地如地铁枢纽站、轨道交通站台、体育馆场、大型游乐园等的人群聚集与疏散特征研究，可为人群大型集散地的设计和人群疏散提供理论基础；与此同时，为相关部门提供疏散策略与建议，在紧急情况下合理地分配疏散人流，避免人员伤亡和财产损失。

本书在已有研究的基础上，利用视频处理技术，针对行人的运动特点、疏散行为及所表现出来的疏散现象，深入研究人群疏散机理；研究在不同环境和条件下人群的疏散特性，并综合利用系统科学、管理科学、交通工程学、计算机科学和行为科学等学科的知识，建立科学的理论模型，并进行数值模拟和统计分析。研究成果将为基础设施规划设计、人群交通组织、建筑物应急疏散等提供科学依据。

1.2.2 研究意义

交通是人和物在空间上的位置移动，作为社会活动的主体，人同时也是交通系统的主体，是最为复杂的元素。行人交通理论是行人交通设施设计的基础理论，只有掌握行人交通的微观和宏观特征，才能设计合理化、人性化的交通设施，从而进一步提高交通设施的性能。

步行作为一种独立的交通方式，成为各类交通出行的两端环节。在大型活动的场所，人们一般采用步行的方式参与活动，因而各类设施都需要满足行人行走的需要，行走的服务水平直接关系到活动的质量。因此通过基于行人微观特征的宏观疏散行人流的研究，建立微观特征与宏观特征之间的联系，探索不同环境下不同宏观行人流特征和现象的生成机理，是人群疏散研究的重点和热点，并且具有重要的理论意义和应用价值，为保证人员安全疏散提出宝贵的经验。研究成果可为建筑物的整体结构、安全出口位置、安全出口宽度、突发事件通道、疏散标志等的合理设计与设置提供科学依据。

可见，对人群疏散理论的研究，不仅具有科学研究的价值，更具有重要的实际应用价值。行人运动是一个复杂的物理过程，在整个运动的过程中，其行为要受许多因素的直接或间接影响，如场所类型、空间结构、组织管理、人群类型、运动特征、危险物资管理等方面。其中，人群在场所中的行为特征是影响人群聚集风险的重要因素。而群体之间（包括群体与个体）的相互作用，会影响人群的整体运动效果。为了预防由于人群密集而造成的潜在危险的发生，了解人群的运动（包括疏散）规律非常重要。对此，本书将综合考虑行人流理论、交通行为、人群组织与诱导及人群仿真等多个方面，来揭示人群疏散过程的演化机理，进而利用科学的人群疏散理论来管理和控制疏散过程，有效地减少拥堵和疏散时间，进而减少人民生命和财产的损失，这对提升我国城市行人交通的基础理论及应用水平均具有重要意义。

1.3 国内外研究现状

1.3.1 行人视频检测方法的研究现状

行人交通与其他的交通方式相比，有着自己的特性。因此，数据采集方法也与其他的交通方式有所区别，这主要是由于两方面原因造成的。第一，行人本身的特点。由于行人体积较小，运行线路比较随意，因此基于感应的检测器的方法并不适用。第二，采集数据的多样性。行人数据的采集中不仅需要行人流量、速度、密度等宏观交通数据，还需要行人的步幅、步频、集结人数、延误时间、启动时间和加速度等微观交通数据。

Ali 和 Dagless[1] 与 Nakamura 等[2] 分别运用了 AUTOSCOPE 系统和 TIPS 系统进行了行人交通数据的采集，结果发现，由于行人在体积、轮廓及行走路线上都与其他交通方式存在较大的差别，所以检测机动车数据的系统不能很好地应用于行人交通；Haritaoglu 等[3] 通过分析摄像机采集的视频图像，将外形分析与跟踪技术结合起来跟踪行人，通过行人的头、躯干、四肢等关键部位来检测和跟踪行人；Hoogendoorn 等[4] 利用摄像机跟踪行人运动轨迹，在实验检测区域内预先制定好行走线路，实验人员带着不同颜色的帽子以示区别，根据帽子的颜色和实验人员的编号得到运动轨迹；Kardi 等[5] 运用图像处理技术来获取行人的交通数据，进而得到行人的交通特征及运行轨迹；王亮等[6] 在跟踪人体运动中采用了运动模型和关节人体模型对行人进行建模分析；赵明等[7] 采用单目视频图像序列对人体没有被遮挡部位的动作进行了跟踪，首帧采用手工标注人体特征点，但该方法基于单目视觉，无法准确估计被遮挡部位的位置，而且手工干预较多。

Haritaoglu 等[8] 利用最小、最大强度值和最大时间差分值为场景中每个像素进行统计建模，并且进行周期性的背景更新；Lipton 等[9] 利用两帧差分方法从实际视频图像中检测运动目标，进而用于目标的分类与跟踪；Viola 等[10] 建立了基于图像灰度和行人运动信息的检测方法；Dalal 等[11] 提出了一种在某个固定的单帧图像里，通过面向梯度方向最大值的直方图来描述行人特征的检测方法；Niyogi 等[12] 采用"时空切片法"进行行人轨迹跟踪，首先分析行人下肢轨迹的时空交错模式，然后在时空域里定位人头和四肢的轨迹投影，进而描绘出行人的整体轮廓；Rohr[13] 采用 14 个椭圆、柱状的模型来描述行人的基本特征和结构，人体躯干的中心被定义为系统坐标的原点，用以模拟行人行走时所产生的三维图；Lefevre 等[14]采用矩形初始化 Snake 模型，针对足球比赛中多个足球运动员的轮廓进行了实时跟踪；Wren 等[15]在人的运动跟踪中使用区域模型，将人体分为头、躯干、四肢等部分，利用高斯分布建立人体和场景的模型，属于人体的像素被归属于不同的身体部分，通过跟踪各个小区域块来完成对整个人体的跟踪；Segen 等[16]用一个矩形框将行人封闭起来，质心（质量中心）被选择作为跟踪的特征，在跟踪过程中若两人出现相互遮挡时，只要质心的速度能被区分开来，跟踪仍能被成功地执行；Heikkila 等[17]采用 Kalnan 滤波对行人进行跟踪，通过历史数据预测分析运动目标的位置，可以缩小目标的搜索范围，实现快速跟踪。

现有的行人检测方法采用模块化、结构化设计，可扩展性较好，可以实时进行行人数据采集和统计。但由于行人是个复杂的个体，其本身的运动有着一定的不可预测性，因此行人运动轨迹的预测可能与实际的运动情况存在着一定的误差。另外，在不同的交通状态下（如不同的行人密度），行人会存在着不同的运动特性，而现有的行人检测方法并没有考虑交通状态的不同对行人检测的影响，比如在高密度状态下，行人之间相互遮挡现象比较严重，此时基于运动整体检测方法的有效性就有待于商榷。因此本书根据不同的交通状态，分别提出了低密度状态下基于运动的行人检测方法和高密度状态下基于人头的视频检测方法。

1.3.2　人群疏散模型的研究现状

目前对人群疏散模型的研究思路有两类：一类是从建立行人之间或行人与环境之间关系的模型入手；另一类是由借鉴成熟的交通流模型而发展起来的。根据模型对交通系统描述的细节程度不同，人群疏散模型可以分为宏观、中观、微观三种。

（1）宏观模型

宏观模型着重从全局的角度来研究行人运动特性，人群被视为一个可压缩的实体或流体，模型中不追踪单个行人的移动，对个体运动、行为及其相互作用的细节描述较为粗糙。较早的宏观仿真模型是由 Fruin[18] 首先提出的，主要参数是行人平均速度、行人密度和流量等，模型主要研究行人的一些集聚性特点。Hughes[19] 分别运用连续统一体模型、二维流动模型及"思考流体"模型来模拟各种类型行人的行走行为，进而得到人群的流动机理。徐蔚南和吴正[20] 引进了流体力学的相关理论和思想，把地铁站台内的人群移动看成是空间的流体运动，根据行走方向，采取一维和二维空间来进行描述，通过实际的观测数据建立了一维和二维的客流运动模型。吴正等[21] 通过实际的观测数据来优化和标定客流运动模型的参数，并对地铁站台内的客流疏散时间进行模拟和预测，进而得到最少的疏散时间和最优的疏散效果。

大部分的宏观模型主要是针对行人群体行为及其评价进行分析研究，如分析研究行人密度、速度和流量基本特征参数之间的关系；分析研究行人群体流动的波动性；分析研究行人群体拥挤机理及群集行为特性[22]；分析研究行人交通设施或活动设施的服务水平和通行能力[23-26]；分析研究行人交通设施综合体系评价方法[27-28]。

（2）中观模型

与宏观模型相比，中观模型对行人运动的系统要素、个体运动、行为及其相互作用的阐述要更加细致。中观模型不仅可以描述宏观模型的空间和时间特性，而且还能提供微观模型的某些核心数据。最早的中观模型由 Florian 等[29] 提出，该模型通过若干个行人所构成的运动整体（也称队列单元）来描述人群运动，这种方法可以描述人群在节点处的动态变化，但不能很准确、很细致地表达行人之间的相互作用。Hoogendoorn 等[30]提出了气体动力学模型，在气体动力学理论的基础上，建立了行人移动动态方程。

（3）微观模型

微观模型既融合了宏观模型和中观模型的某些优点，又能够细致描述行人个体的行为，所以是近年来发展较快的一类人群疏散模型。微观模型以单个行人为研究对象，是对行人个体在各种条件下所可能采取的运动方式的描述，行人的运动由行人特性（性别、年龄、心理等）、周围环境等因素共同决定。Helbing 等[31]提出一个行人移动的社会力模型，该模型引入了 3 个要素：①行人尽可能舒适地到达一定的目的地；②行人移动受到其他人的挤压影响；③行人有时被其他人（如朋友、街道艺术家等）或者对象（如橱窗展览）所吸引。此模型从牛顿力学的角度来描述疏散人员与环境及疏散人员之间的社会物理和心理作用，模拟重现了行人交通流的"自组织"现象。Helbing 等[32]基于社会力模型模拟了在发生恐慌的状况下，疏散人群的逃生现象，通过模型模拟和进一步分析发现：①拥堵会产生人群分布的不协调；②"欲速而不达"；③从众行为。Parisi 等[33]基于社会力模型来探讨房间及大型公共场所的人员疏散问题。通过分析疏散系统内的丛生结构，Parisi 等发现阻塞丛生的形成与长时间的丛生延迟有关，因此诠释了恐慌引起的"欲速而不达"现象。Seyfried 等[34]对一维的模型进行了改良，假定行人为可以在连续空间上自由移动的自驱动体，定性地讨论了行人之间各种相互作用对行人速度-行人密度关系的影响。

Takimoto 等[35]利用步行者的格子气模型模拟了行人在大厅中通过一个安全出口进行疏散的过程，分析了行人逃离时间与幸存率之间的关系。模拟结果表明：疏散行人的逃离时间不仅和行人本身所在的初始位置有关，而且还和安全出口的宽度有关。而Nagai 等[36]应用格子气模型对爬行者和步行者的疏散路径及疏散行为进行了研究，研究从实际实验和模拟仿真两个方面入手，分析了爬行者和步行者从安全通道通过安全出口时的运动特性，阐述了两者的动力学行为。在模型选取时，步行者采用偏随机走动模型，爬行者采用扩展的格子气模型，通过模拟结果发现，两者的流率与安全出口的宽度有关。Song 等[37]把社会力模型的相关理念引入到格子气模型当中，建立了多格子的疏散模型。在模型中，行人之间及行人与建筑物之间的作用力得到了量化。模拟结果表明：在人群紧急疏散的过程中，行人为了尽可能快地离开疏散环境，不仅要克服行人之间的相互作用和障碍物会对行人的排斥，而且要考虑安全出口对疏散行人的吸引，这些相互之间的作用共同决定了疏散人群的整体行为。在安全出口附近的"成拱"现象和堵塞行为反映了斥力、吸引力和摩擦力的影响，在恐慌的心态下，行人想尽快离开疏散空间，因此行人之间所产生的相互作用增强，导致疏散时间也随之增加。Isobe 等[38]利用改进的格子气模型模拟了人群从有浓烟的室内转移到室外的疏散过程，并利用实际实验对模型进行了验证，研究结果表明：在对周围情况不明确时，指向安全出口的有声引导能够避免行人的拥挤和阻塞，缩短疏散时间，增加生存概率。

近几年基于元胞自动机的人群疏散模型已成了行人疏散问题的研究热点。Zhao 等[39]提出了一个二维 CA 随机模型，得到如下结论：①对于单个安全出口而言，安全出口处的行人流量随着安全出口宽度的增加而增加；②对于某个固定的疏散空间而言，安全出口宽度应保证在某个区域之间；③对于多个安全出口而言，安全出口的布局应尽量对称;④对于不同的系统规模和行人密度,上述规律同样适用。Varas 等[40]基于改进的二维 CA 模型来研究疏散空间内有、无障碍物时的疏散过程。模拟结果表明:行人的疏散时间随着安全出口宽度的增加而减少;当疏散空间内无障碍物时,安全出口附近的行人会出现类似拱形的排队现象。Weng 等[41]基于行人动力学的思想,建立了一个不后退的 CA 模型。该模型研究了周期性边界条件及开放性边界条件下的对向行人流的疏散情况,根据时间、步长间隔的更新,可以模拟出行人的不同速度。对于周期性边界条件而言,疏散人群共有三种运动状态,即自由流移动、小道形成及静止状态;对于开放性边界条件而言,疏散人群共有两种运动状态,即亚稳定的自由流状态和完全静止状态。Kirchner 等[42]也通过行人动力学的相关理论结合 CA 模型分析和描述了人群的动态疏散过程,该模型利用仿生学的方法来研究存在趋势化想法的行人在疏散过程中的相互作用。研究结果发现:系统如果想实现疏散时间最小化,那么合理并适当地搭配人群行为,了解周围动态的疏散环境是非常有必要的。Kirchner 等[43]在二维的 CA 模型的基础上引进了摩擦力的概念,用以模拟疏散过程中行人竞争外出的行为。模拟结果显示:当安全出口宽度大于临界值时,行人之间的竞争行为是有益的,可以减少疏散时间;而当安全出口宽度小于临界值时,行人之间的竞争行为将增加疏散时间。Kirchner 等[44]改进了行人动力学的二维随机 CA 模型。模型中指出:当人群进行疏散时,经常会伴随着冲突的发生,当几个行人都想占据某个元胞位置时,冲突的解决是通过引入摩擦参数来得到每个疏散行人进入该元胞位置的概率,虽然摩擦作用只是在局部显现,但它对全局的疏散过程都有影响,尤其是在高密度的条件下,摩擦作用对疏散时间及疏散路径的影响较大。李得伟等[45]利用计算机模拟技术和多智能体的相关方法，提出了可以反映交通枢纽内部交通设施的协调性和客流疏散的仿真模型，模型分析了智能体的个体疏散行为、疏散规则、动态信息的相互传递和疏散行人之间的合作等，运用该模型，可以分析行人复杂行为对交通枢纽设施的影响及交通枢纽内部的交通设施布局是否合理等。李得伟等[46]在分析行人交通的基本特性的基础上，建立了基于动态博弈的行人仿真模型，从路径选择、冲突处理等五个方面对模型进行了阐述，实际试验和仿真数据的比对表明了模型的有效性，该模型在提高运算速度的基础上解决了行人之间的同步决策等问题。Nishinari 等[47]通过 CA 方法以统一的方式研究了蚂蚁与步行者的简易模型，阐明了在轨迹上的蚂蚁与疏散中的步行者的相似性：在轨迹上的蚂蚁沿着前面的蚂蚁留下的信息前进；由于安全与效率的原因，在拥挤或恐慌时，步行者也跟着其他人前进。岳昊等[48]提出了基于元胞自动机的动态参数模型，模型利用两个动态参数反映行人移动区域内的疏散情况，从而决定行人的行为选择。模型研究了在正常的疏散环境下，行人密度、系统规模、安全出口宽度对疏散时间的影响。研究结果表明：随着行人密度的增加，行人的疏散时间呈线性增长；随着安全出口宽度的增加，行人的疏散时间呈负指数减少；同时，安全出口的布局也会对行人的疏散时间有影响。

不同的人群疏散模型有着不同的优缺点和使用范围。CA 模型可以通过改变行人的运动规则，模拟出不同状态下的疏散情况；格子气模型与社会力模型都能成功地模拟在步行动力学中所观察到的极其典型的现象；社会力模型能够非常准确地描述行人的群体效应和重现恐慌时的人群行为；Agent 模型可以捕获紧急的疏散现象，提供系统的自然描述；博弈论在群体疏散行为中的应用是比较崭新的，对于紧急疏散时群体对出口的选择过程，博弈论分析方法可以使疏散者与环境的相互作用更加合理化。然而，大多数 CA 模型不擅长描述紧急疏散的复杂行为；格子气模型常常表现为用概率统计的方法研究群体步行者的特点，而有时概率的确定却是非常主观的；社会力模型的不足就是它比 CA 模型耗费更多时间来运行仿真。在现有的微观疏散模型中，CA 模型由于其理论体系成熟，规则简单明了，被广泛应用在行人疏散领域。本书基于 CA 的相关理论，探讨了行人在不同疏散环境下的运动特性，分别建立了与疏散环境相适应的理论模型和行走规则，进而深层次地探索行人的疏散机理。

1.4 研究的内容和方法

1.4.1 研究内容

本书以行人的交通特征为依据，针对不同的交通状态，分别建立高、低密度下的行人视频检测方法；根据行人在不同疏散环境下的微观特征，建立基于元胞自动机的人群疏散仿真模型，讨论行人流宏观特征的形成机理。研究对象主要包括：无障碍情况下的人群疏散、存在障碍情况下的人群疏散、视线受影响情况下的人群疏散、存在挤压情况下的人群疏散、发生火灾情况下的人群疏散。本书的主要结构如图 1-3 所示。

第 1 章为绪论，主要阐述本书研究的背景、目的和意义、国内外研究现状，提出了本书的研究内容、方法和整体框架。

```
┌─────────┐                    ┌──────────────────┐
│ 研       │ ──────────────────→│     绪  论        │
│ 究       │                    └──────────────────┘
│ 背       │                    ┌──────────────────┐
│ 景       │ ──────────────────→│   国内外研究综述   │
└─────────┘                    └──────────────────┘
    │
    ▼
┌─────────┐                    ┌──────────────────┐
│ 行       │ ──────────────────→│  低密度状态下行人  │
│ 人       │                    │   检测方法研究     │
│ 视       │                    └──────────────────┘
│ 频       │
│ 检       │                    ┌──────────────────┐
│ 测       │ ──────────────────→│  高密度状态下行人  │
│ 方       │                    │   检测方法研究     │
│ 法       │                    └──────────────────┘
│ 研       │
│ 究       │
└─────────┘
    │
    ▼
┌─────────┐   ┌──────────┐     ┌──────────────────┐
│ 不       │──→│正常情况下人│────→│  无障碍情况下行人  │
│ 同       │   │群疏散研究 │     │     疏散研究      │
│ 场       │   └──────────┘     └──────────────────┘
│ 景       │                    ┌──────────────────┐
│ 下       │                    │  存在障碍情况下行  │
│ 行       │                    │     人疏散研究     │
│ 人       │                    └──────────────────┘
│ 疏       │
│ 散       │                    ┌──────────────────┐
│ 研       │                    │  视线受影响情况下  │
│ 究       │   ┌──────────┐     │     行人疏散研究   │
│         │──→│紧急情况下人│     └──────────────────┘
│         │   │群疏散研究 │     ┌──────────────────┐
│         │   └──────────┘────→│  存在挤压情况下行  │
│         │                    │     人疏散研究     │
│         │                    └──────────────────┘
│         │                    ┌──────────────────┐
│         │                    │  发生火灾情况下行  │
│         │                    │     人疏散研究     │
└─────────┘                    └──────────────────┘
    │
    ▼
┌─────────┐                    ┌──────────────────┐
│ 总  结   │ ──────────────────→│    总结与展望      │
└─────────┘                    └──────────────────┘
```

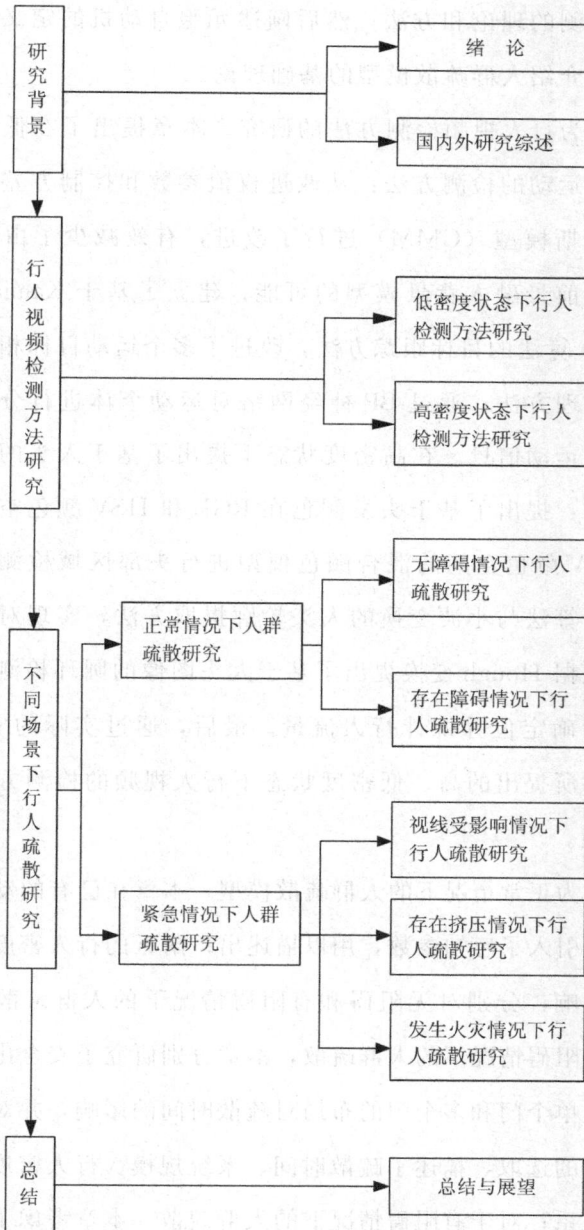

图 1-3 本书的主要结构

第 2 章为行人视频检测与人群疏散模型的基础理论。首先介绍行人视频检测的理论和方法；然后阐述元胞自动机的定义、构成和特征；最后介绍人群疏散模型的基础理论。

第 3 章为行人视频检测方法的研究。本章提出了在低密度状态下基于行人运动的检测方法：从改进权值参数和控制方差两个方面对传统的高斯模型（GMM）进行了改进，有效减少了由于交通冲突使得运动前景融入背景模型的可能；建立了基于 Kalman 滤波和 Mean-Shift 算法的目标跟踪方法，改进了多个运动目标相互合并或分离时的处理方法；通过 BP 神经网络对运动个体进行分类，进而得到行人的运动信息。在高密度状态下提出了基于人头的改进的行人检测方法：提出了基于头发颜色在 RGB 和 HSV 颜色空间、脸部颜色在 YUV 颜色空间的混合颜色模型进行头部区域检测；建立了基于 Canny 算法与小波变换的人头轮廓提取方法，实现对人头轮廓的提取；根据 Hough 变换提出了基于人头图像的圆环检测方法，对人头进行精确定位并统计行人流量。最后，通过实际的实验分析，验证了本章所提出的高、低密度状态下行人视频的检测方法的有效性和先进性。

第 4 章为正常情况下的人群疏散模型。本章在已有的动态参数模型的基础上引入了感知参数，用以描述出口附近的行人密度对行人疏散行为的影响，分别对无阻碍和有阻碍情况下的人群疏散进行了研究：对于无阻碍情况下的人群疏散，本章分别研究了安全出口的最佳位置，以及单个门和多个门的布局对疏散时间的影响，并对模型参数进行了最优的选取，描述了疏散时间、系统规模、行人密度、出口宽度之间的关系；对于有阻碍情况下的人群疏散，本章考虑了障碍物布局对疏散时间的影响，同时考虑当障碍物发生位置移动时对疏散时间的影响，分析了障碍物移动时间、疏散时间、行人密度之间的相互关系。最后，对无阻碍和有阻碍两种情况分别进行了实际实验和仿真模拟，利用本书所提出的低密度状态下基于行人运动的检测方法对视频进行检测，通过背景分割得到最后一个运动前景离开疏散空间的时间（也称疏散时间），并利用目标跟踪分析出行人的运动轨迹，通过与实际实验的比对，发现模型模拟的效果较好，这也显示了本书所建模型的优越性。

第 5 章为紧急情况下的人群疏散模型。本章从视线受影响情况下的人群疏散、存在挤压情况下的人群疏散及发生火灾情况下的人群疏散三个方面来对紧急情况下的人群疏散模型进行研究。在视线受影响的情况下，本章从无疏散标志的从众疏散和有疏散标志的沿墙疏散两个角度进行了研究，引入了行人视野半径的概念，并分析了行人视野半径、行人密度、出口宽度对疏散时间的影响；在发生挤压情况下，本章构建了元胞容量可变的 CA 模型，模型从方向参数和从众参数两个方面进行了考虑，分析了出口宽度、系统规模、行人密度与疏散时间的关系；在发生火灾情况下，本章建立了火灾发生情况下存在挤压的人群疏散模型，模型考虑了火灾的发生对系统的领域值和行人疏散行为的影响，分析了火灾蔓延时间、出口宽度、行人密度、系统规模与死亡人数的关系。最后，本章仿真了三种情况下的行人疏散过程，从疏散模拟图来看，模型和更新规则较为合理并符合实际。

第 6 章为研究总结及展望。本章总结了本书研究成果，并展望未来的研究工作。

1.4.2　研究方法

本书综合应用多学科知识，利用定性与定量相结合、宏观与微观相结合的方法，定性分析行人在不同疏散环境下的微观决策行为，并通过视频检测和数值模拟进行研究，把影响行人疏散的因素量化为元胞自动机仿真模型的参数及局部移动规则，并建立相应的理论模型。具体方法如下。

第一，搜集现有文献，总结以往的研究成果。初步掌握行人疏散特征及活动特性，设计数据调研方案，明确需要获取的特征数据。

第二，进行数据调研，选取具有代表性的大型公共场所作为疏散空间，在某大型活动结束后拍摄视频录像。应用视频处理软件提取交通数据，对于一些复杂特征采用人工提取方式。对所获取的行人疏散数据进行统计分析，并以此为基础，初步分析行人疏散的影响因素。

第三，根据不同疏散环境行人疏散的主要特征，提出合理假设，并结合已有的理论成果，建立试验性的行人疏散模型，并制定相应的规则描述行人疏散行为。

第四，采用实测数据对模型中相应的特征参数进行标定，并对模型规则进行修改完善。

第五，根据所得的模型进行疏散模拟，对模拟结果进行对比检验，依据检验结果进一步改进理论模型，几经反复，确定最终的模型。

1.5　框架结构

本书主要内容的框架结构如图1-4所示。

本书研究背景、研究目的和意义、国内外研究现状、研究内容和方法

行人视频检测与人群疏散模型的基础理论

行人视频检测方法研究 | 人群疏散模型研究

低密度状态下行人视频检测方法 | 高密度状态下行人视频检测方法

运动检测 | 目标跟踪 | 目标识别 | 人头区域确定 | 人头轮廓提取 | 人头精确定位 | 匹配记数

正常情况下的行人疏散 | 紧急情况下的行人疏散

静态领域距离 | 方向参数 | 空格参数 | 感知参数 | 视线受影响情况 | 存在挤压情况 | 发生火灾情况

无阻碍情况 | 有阻碍情况 | 视野半径定义 | 存在疏散诱导标志 | 无疏散诱导标志 | 模型建立 | 演化规则 | 存在挤压的火灾模型 | 火灾情况的移动规则

欧氏静态距离 | 迪氏最短距离 | 行人寻墙疏散 | 行人从众疏散 | 方向参数和从众参数 | 位置选择与冲突处理 | 动态领域参数值引进 | 火灾蔓延时间 | 考虑火灾的扩散

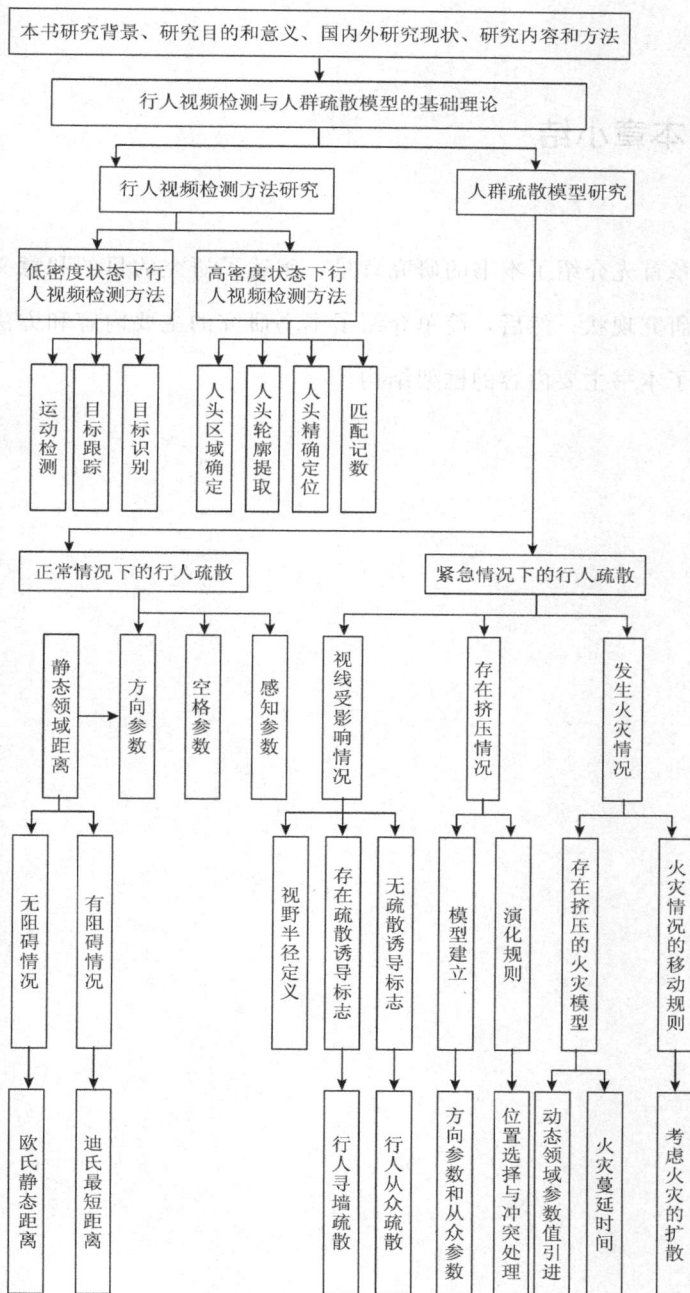

图1-4　本书框架结构

1.6　本章小结

　　本章首先介绍了本书的研究背景，阐述了研究的目的和意义、国内外的研究现状；然后，简单介绍了本书研究的主要内容和方法；最后给出了本书主要内容的框架结构。

2 行人视频检测与人群疏散模型的基础理论

2.1 行人视频检测的基础理论

　　行人交通数据是行人交通设施设计和交通管理的基础，对智能交通系统的建设有着不可低估的作用。近几年，各地政府和学者已经逐渐意识到行人交通的重要性，因此使得行人视频检测方法也越来越受到各方面人员的重视。研究人员从不同的方向、不同的角度出发，对行人交通数据采集技术进行了研究，提出了相应的行人视频检测方法和模型。将各种方法总结起来，我们可以将其分为不同的模块（图 2-1），不同的方法是这几个模块的不同组合。

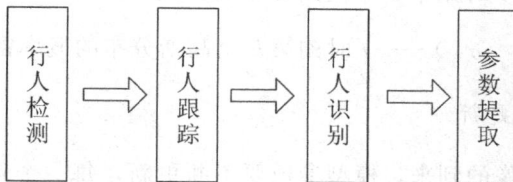

行人检测 ⟹ 行人跟踪 ⟹ 行人识别 ⟹ 参数提取

图 2-1　行人视频检测方法的处理过程

2.1.1 行人检测

行人检测是在连续的图像中判定出运动的目标，需要从背景图像中把前景图像提取出来，因此背景模型对运动检测至关重要，同时也影响着目标的识别和目标跟踪。由于混合高斯模型对背景的自适应性高，在时空效率都适中的情况下能提供相对精确的背景模型，因此很多学者都广泛采用此模型。

Stauffer 和 Grimson 提出了混合高斯模型（Gaussian Mixture Model，GMM）。背景图像中的每一个像素分别由 K 个高斯分布构成的混合模型来表示，利用混合高斯模型提取背景图像的过程可以分为以下三个步骤：首先是参数更新，其次是背景估计，最后是前景分割。其中，当前点被认定为背景模型的概率为

$$P(X_t) = \sum_{k=1}^{K} \omega_{k,t} \times \eta(X_t, \mu_{k,t}, \sigma_{k,t}^2) \tag{2-1}$$

$$\eta(X_t, \mu_{k,t}, \sigma_{k,t}^2) = \frac{1}{(2\pi)^{\frac{n}{2}} \left| \sum_{k,t} \right|^{\frac{1}{2}}} e^{-\frac{1}{2}(X_t - \mu_{k,t})^T \sum_{k,t}^{-1}(X_t - \mu_{k,t})} \tag{2-2}$$

式中：$P(X_t)$——背景模型的概率；

　　　K——高斯分布的数量；

　　　$\omega_{k,t}$——t 时刻第 k 个高斯分布的权值；

　　　$\mu_{k,t}$——t 时刻第 k 个高斯分布的均值；

　　　$\sigma_{k,t}^2$——t 时刻第 k 个高斯分布的方差；

　　　$\eta(X_t, \mu_{k,t}, \sigma_{k,t}^2)$——$t$ 时刻第 k 个高斯分布的概率密度函数。

（1）参数更新

随着新图像的到来，模型参数要不断更新，每一个像素都需要和背景模型的 K 个高斯分布进行匹配，然后再决定参数是否更新。倘若 X_t 没有跟混合模型中的任意一个高斯分布匹配，那么用一个新的高斯

分布代替最底端的高斯分布（即代替优先级最低的高斯分布），并初始化较大的方差和较小的权值。更新过程为

$$\begin{cases} \omega_{k,t} = (1-\alpha)\omega_{k,t-1} + \alpha(M_{k,t}) \\ \mu_{k,t} = (1-\rho)\mu_{k,t-1} + \rho X_t \\ \sigma_{k,t}^2 = (1-\rho)\sigma_{k,t-1}^2 + \rho(X_t - \mu_{k,t})T(X_t - \mu_{k,t}) \\ \rho = \alpha\eta(X_t, \mu_{k,t}, \sum\nolimits_{k,t}) \end{cases} \tag{2-3}$$

式中：α——权值更新率；

ρ——参数更新率；

$\eta(X_t, \mu_{k,t}, \sum\nolimits_{k,t})$——$t$ 时刻第 k 个高斯分布的概率密度函数；

$$M_{k,t} = \begin{cases} 1 & (\text{当高斯分布与像素值 } X_t \text{ 匹配时}); \\ 0 & (\text{当高斯分布与像素值 } X_t \text{ 不匹配时}). \end{cases}$$

（2）背景估计

参数更新后，需要确定可以描述背景模型的最佳的高斯分布。本书以 $\omega_{k,t}/\sigma_{k,t}$ 作为参评指标，按照比值的大小将所有的高斯分布进行从高到低的排序。将最有可能描述背景模型的高斯分布置于序列的顶端，不稳定的扰动所产生的背景置于序列的底端。选择前 B 个高斯分布作为背景模型

$$B = \arg\min_b(\sum_{k=1}^{b}\omega_{k,t} > T_B) \tag{2-4}$$

式中：B——背景模型的高斯分布个数；

T_B——背景阈值，通过 T 的设定可以选出描述背景的最佳分布。

（3）前景分割

依据前 B 个高斯分布所建立的背景模型，将像素值 X_t 按照优先级次序分别与前 B 个高斯分布进行逐一匹配。若没有作为背景分布的高斯分布与之匹配，则判定该点为前景点，否则为背景点。

2.1.2　行人跟踪

行人跟踪是指通过在视频序列的每幅图像中寻找目标位置，建立运动目标在视频序列中的联系。它是连接目标检测和对象识别的重要环节，可以为目标行为分析提供运动轨迹和准确位移。

（1）Kalman 滤波

Kalman 滤波在预测方面具有出色表现，被广泛应用于导航系统和计算机视觉的跟踪系统。Kalman 滤波的基本原理是通过所获得的观测值 z_t 对当前状态 x_t 进行最优估计，按照状态转移方程来对下一时刻的运动状态进行预测，并接收下一个观测值 z_{t+1}，结合上一次的预测值对运动状态做出新的最优估计。因此，Kalman 滤波主要包括两个阶段。

第一个阶段是预测阶段，系统运动状态的预测方程为

$$x_t = A_{n \times n} x_{t-1} + B_{n \times c} u_t + w_t \tag{2-5}$$

式中：x_t——t 时刻 n 维状态向量；

　　　x_{t-1}——$t-1$ 时刻 n 维状态向量；

　　　$A_{n \times n}$——状态转移的 n 阶方阵；

　　　$B_{n \times c}$——联系输入控制和状态改变的 $n \times c$ 矩阵；

　　　u_t——由表示输入控制的 c 维变量组成，作用是允许外部控制施加于系统；

　　　w_t——激励噪声，为零均值的高斯白噪声序列。

第二个阶段是修正阶段，系统某一时刻的状态变量 x_t，与观测量 z_t 之间的关系用观测方程来描述

$$z_t = H_{m \times n} x_t + w'_t \tag{2-6}$$

式中：z_t——系统在 t 时刻的真实观测值，为 m 维向量；

$H_{m \times n}$——$m \times n$ 维的观测矩阵；

w'_t——观测噪声，为零均值高斯白噪声序列。在 $m \geqslant n$ 且方程有唯一解的情况下，若不存在观测噪声，可以直接算出状态变量值。

（2）Mean-Shift 算法

Mean-Shift 算法是一种在采样空间进行搜索，以迭代的方式自动到达特征空间内数据点对应概率密度函数局部极大值的算法。Mean-Shift 算法在聚类分割方面具有优势，被部分学者引用到了行人视频检测领域。基于 Mean-Shift 算法的行人跟踪主要包含以下几个步骤。

首先，在跟踪开始的第 n 帧图片上用概率密度函数建立行人的（参考）目标模型。为了减小因为遮挡、外围背景像素对目标的干扰，除了行人目标的颜色信息外还需要将其颜色布局的空间信息也包含进来。具体就是给距离物体中心近的像素点赋予较大的权重，而给距离物体中心较远的像素点赋予较小的权重。

其次，在第 $n+1$ 帧，对第 n 帧的参考目标位置附近的候选目标建立概率密度函数模型。使用相同的核函数，而候选目标的范围取 n_k 个像素点。

再次，寻找位置 y，使得以 y 为中心的候选目标模型和参考目标模型之间的相似函数的值最大。

最后，计算以核函数为空域的权重函数，以特征函数为特征域内权重函数的候选目标在中心点 y 处的概率密度函数的最大值。

2.1.3 行人识别

运动行人的识别分类是智能交通监控系统最基本的研究内容，也是交通领域研究的热点问题。本书依据运动特征和形状特征，采用 BP 神经网络（图 2-2）对行人目标进行分类。BP 神经网络结构简单，具有较强的非线性映射能力，对数据分布无任何要求，能有效解决非正态分布、非线性的评价问题，具有信息的分布存储、并行处理和自学习能力，是应用最为广泛的一类多层前向神经网络，目前已成为模式识别的研究热点。

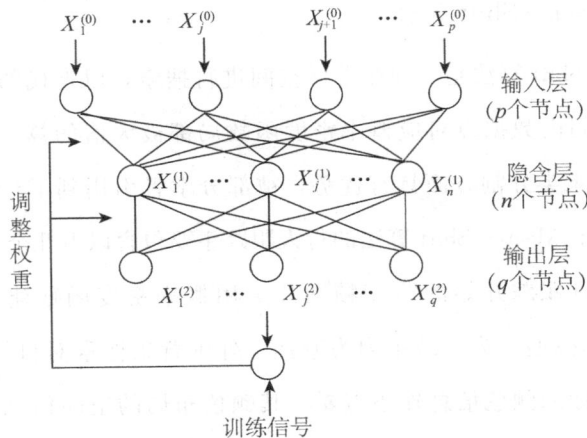

图 2-2　BP 神经网络结构

　　BP 神经网络结构一般具有三层神经网络，即输入层、隐含层和输出层，其中每一层都包含多个神经元，上下层之间的神经元按照某种特定的方式进行连接，而同层内的左右神经元之间并不相连。BP 神经网络是一种按照误差逆传播算法进行训练的多层前馈网络结构。首先，网络按照监督学习方式进行训练，输出层的各神经元输出对应输入模式的响应；然后，根据实际输出与期望输出之间的误差最小原则，从输出层到隐含层，再到输入层，逐层修正各连接系数的权重，网络的正确率随着训练的进行不断提高。

　　完成网络结构设计后，需进行网络模型训练，即利用样本数据，给定一个输入向量 $X' = (x_1, x_2, \cdots, x_p)$ 和期望输出向量 $D' = (d_1, d_2, \cdots, d_p)$，按照实际输出最接近期望输出的原则，反复修改连接权重与阈值，直到误差满足要求为止，如图 2-3 所示。

```
                    ┌─────────────────┐
                    │     初始化       │
                    └────────┬────────┘
                             │
              ┌──────────────▼──────────────┐
              │ 给定输入量 X' 和期望输出 D'   │
              └──────────────┬──────────────┘
                             │
         ┌───────────────────▼───────────────────┐
         │ 计算隐含层输出 yⱼ 和输出层输出 yₜ       │
         └───────────────────┬───────────────────┘
                             │
              ┌──────────────▼──────────────┐
              │  计算输出层误差 dₜ - yₜ       │
              └──────────────┬──────────────┘
                             │
                    ┌────────▼────────┐           ┌──────────────┐
           ┌───────◇ 全部 dₜ - yₜ < ε ◇──────────►│   训练结束    │
           │        └────────┬────────┘           └──────────────┘
           │                 │否
           │    ┌────────────▼────────────┐
           │    │ 计算输入层误差 εₜ、εⱼ     │
           │    └────────────┬────────────┘
           │    ┌────────────▼────────────┐
           │    │ 计算权重修正量 Δwⱼₜ, Δwᵢⱼ │
           │    │ 计算阈值修正量 Δθₜ, Δθⱼ   │
           │    └────────────┬────────────┘
           └─────────────────┘
```

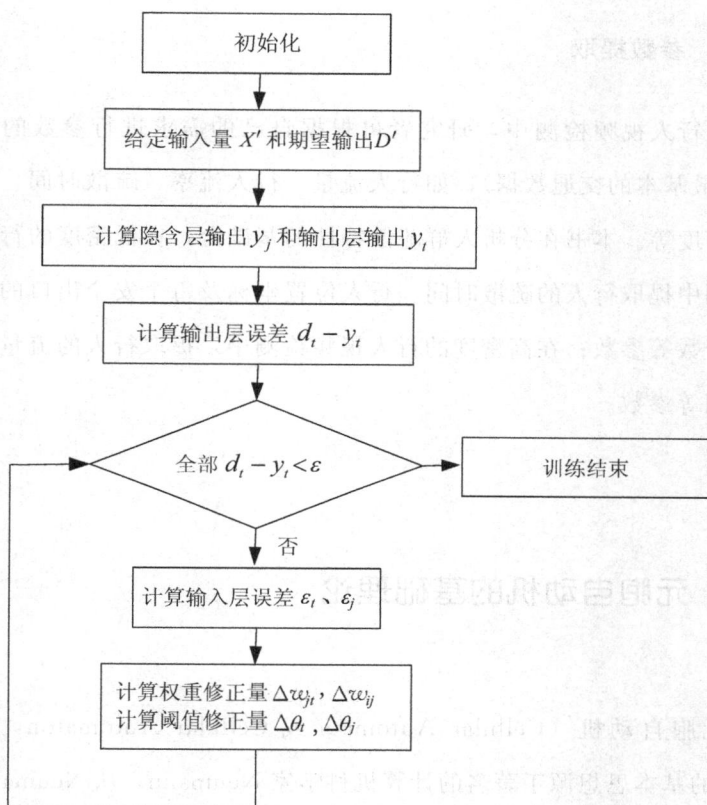

图 2-3 BP 神经网络算法流程

图 2-3 中：y_j——隐含层各单元输出；

y_t——输出层各单元输出；

Δw_{jt}——隐含层第 j 单元与输出层第 t 单元连接权重的修正量；

$\Delta\theta_t$——输出层第 t 单元的阈值修正量；

Δw_{ij}——输入层第 i 单元与隐含层第 j 单元连接权重的修正量；

$\Delta\theta_j$——隐含层第 j 单元的阈值修正量；

ε_t——输出层的调整误差；

ε_j——隐含层的调整误差。

2.1.4 参数提取

在行人视频检测中，研究者可根据自己的需求进行参数的提取（包括最基本的交通数据），如行人流量、行人流率、疏散时间、疏散行人密度等。本书在分析人群疏散特性的基础上，在低密度的行人视频检测中提取行人的疏散时间、行人位置坐标及每个安全出口的疏散行人个数等参数；在高密度的行人视频检测中，提取行人的流量和疏散时间等参数。

2.2 元胞自动机的基础理论

元胞自动机（Cellular Automata 或 Cellular Automaton，简称 CA）的基本思想源于著名的计算机科学家 Neumann。从 Neumann 规则的诞生、Conway 生命游戏机概念的提出、部分规则在计算机上的实现，到 Wolfram 的巨著《一种新科学》（*A New Kind of Science*）的出版，元胞自动机逐渐成为一门理论体系完善、应用领域广泛（生物学、生态学、物理学、化学、计算机科学）的新科学。自 1986 年 Cremer 和 Ludwig 首次将元胞自动机运用到机动车交通流研究中后，元胞自动机逐渐被广泛应用于交通流研究领域。

元胞自动机是一种交叉性科学，是数学家、物理学家、生物学家和计算机科学家共同工作的成果。因此，不同的学者对元胞自动机有着不同的解释：数学家认为元胞自动机是一个时空离散的数学模型；生物学家认为它是生命现象的抽象；物理学家将其视为离散的动力学系统。

2.2.1 元胞自动机的物理学定义

元胞自动机是指在具有离散和有限状态的元胞组成的元胞空间上，按照一定的局部规则，在离散的时间纬度上演化的动力学系统。在元胞自动机中，空间被一定形式的规则网格分割为许多单元。这些规则网格中每一个单元都称为元胞，所有的元胞遵循同样的规则进行更新。与其他的动力学模型相比，元胞自动机没有严格的数学函数和物理方程，而是由一系列的动态演化规则所构成的。从另一个层面来说，一个元胞在某一时刻的状态完全取决于上一时刻该元胞及该元胞周围所有相邻元胞的状态；元胞空间内的元胞根据相应的局部规则进行同步更新，整个元胞空间则表现为在离散的时间维度上的变化。

2.2.2 元胞自动机的构成

元胞自动机最基本的组成单位包括元胞、元胞空间、邻居及演化规则四个部分。元胞自动机可以视为由一个元胞空间和定义于该空间的变换函数所组成（图 2-4）。

（1）元胞

元胞又可以称为细胞、单元，是元胞自动机最基本的组成部分。元胞被分布在离散的一维、二维或多维的欧几里德空间的晶格点上。元胞形状会随着元胞空间划分的不同而不同。在演化的某一时刻，每个元胞都拥有自己的状态，元胞的状态集一般是整数形式的离散集。

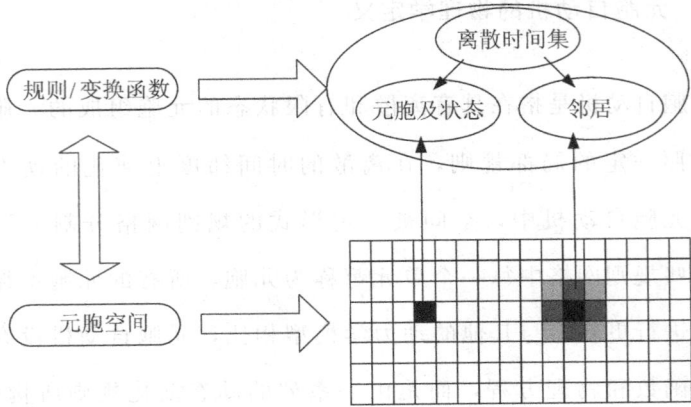

图 2-4　元胞自动机的构成

（2）元胞空间

元胞所分布的空间上所有元胞的集合组成了元胞自动机的元胞空间。目前的研究工作多集中在一维和二维的元胞自动机上，对三维及三维以上的元胞自动机的研究相对较少。元胞空间的元胞划分形式，一维元胞自动机只有一种划分；多维元胞自动机一般有多种划分形式。二维元胞自动机通常采用三角形、矩形、六边形的划分方式，如图 2-5 所示。

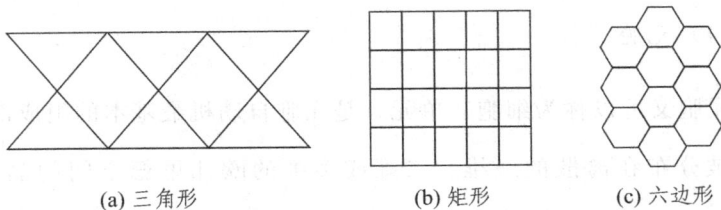

(a) 三角形　　　　　(b) 矩形　　　　　(c) 六边形

图 2-5　元胞空间的三种划分方式

（3）邻居

某一元胞状态更新时所需的局部搜索空间域叫作该元胞的邻居。在元胞自动机内，系统的每个元胞都拥有相同的邻居，即所有元胞的邻居大小要相同。系统演化的时间长度一般随着邻居大小的增加呈指数增长。

一维元胞自动机中，一般距离某元胞半径 r 内的所有元胞均被认为是该元胞的邻居。二维元胞自动机的邻居一般有 von Neumann 型、Moore 型、扩展的 Moore 型和 Margolus 型（以正方形空间划分为例，如图 2-6 所示）。

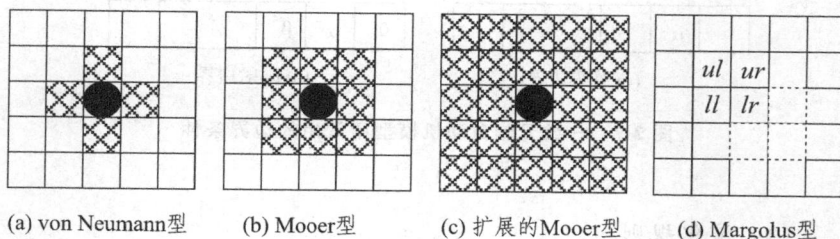

(a) von Neumann型　　(b) Mooer型　　(c) 扩展的Mooer型　　(d) Margolus型

图 2-6　二维元胞自动机模型中常用的邻居

在理论上，元胞空间通常是在各维方向上无限延伸的，这有利于理论上的推理和研究。在实际的元胞自动机模拟演化时，系统不可能处理无限大小的元胞空间。因此，元胞自动机的元胞空间必须是有限的、有界的。处于元胞空间边界的元胞不具有与其他内部元胞一样的邻居，为了确定这些边界元胞的行为，系统可以指定不同的演化规则以考虑适当的邻居，即对边界格点的信息进行编码，并根据这些信息来选择不同的演化规则。

另一种元胞自动机模拟演化的方法不是通过对边界元胞指定不同的演化规则，而是采用在边界处扩展元胞以满足边界元胞和内部元胞拥有类似的邻居。常用的几种被扩展后的边界有周期性边界（Periodic

Boundary)、固定边界（Constant Boundary）、绝热边界（Adiabatic Boundary）和映射边界（Reflective Boundary）等（以一维元胞为例，如图2-7所示）。周期性边界元胞空间是指将相对边界相互连接的空间；固定边界元胞空间是指边界外扩展元胞均取某一固定常量的元胞空间；绝热边界元胞空间是指边界外邻居元胞状态始终与边界元胞状态保持一致的空间；映射边界元胞空间是指在边界外邻居元胞状态是以边界元胞为轴的镜面反射。

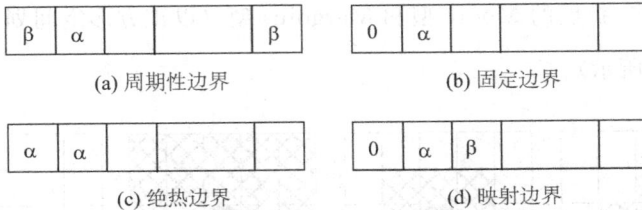

(a) 周期性边界   (b) 固定边界

(c) 绝热边界   (d) 映射边界

图2-7　一维元胞自动机模型中常用的边界条件

（4）演化规则

演化规则是根据元胞及其邻居当前状态确定下一时刻该元胞状态的动力学函数，也就是指一个局部状态的转移函数。演化规则是元胞自动机的灵魂所在，一个元胞自动机模型是否成功，关键在于演化规则设计得是否合理，是否真实反映出了客观事物内在的本质特征，因此，演化规则是元胞自动机模型能否成功的核心。

根据演化规则是否具有随机性，元胞自动机被分为概率性元胞自动机和确定性元胞自动机。概率性元胞自动机的演化规则中包含有一定程度的随机性；确定性元胞自动机的演化规则是按照意义明确的函数，在给定初始状态后将始终演化出同样结果的元胞自动机。实际上，确定性元胞自动机和概率性元胞自动机之间的差异并不大，在确定性模型的演化规则中添加一条带有随机性的规则即可得到概率性元胞自动机。尽管元胞自动机具有离散的性质，概率性元胞自动机却可以使模型的某些参数在一定的连续数值范围内进行调整，这使得元胞自动机在处理某些实际问题时变得异常方便。

2.2.3　元胞自动机的特征

从元胞自动机的内涵和构成角度分析，元胞自动机具有以下特征。

第一，同质性、齐性：同质性是指在元胞空间内的每个元胞状态的变化都服从相同的演化规则；齐性是指元胞在元胞空间内分布整齐规则，分布方式相同，大小形状相同。

第二，空间离散：元胞被分布在按照一定的规则划分的离散空间内。

第三，时间离散：系统的演化是按照间隔相等的离散时间分步向前推进的，演化的时间变量只能取等步长的时刻点，并且上一时刻的元胞状态只对下一时刻的元胞状态产生影响。

第四，状态离散有限：元胞自动机的元胞状态只能在有限的离散空间内取值。

第五，并行性：元胞自动机依据演化规则的系统演化是同步进行的，适合于在并行计算环境下运行。

第六，时空局限性：每个元胞在下一时刻的状态仅仅取决于上一时刻自身及其邻居中的元胞状态。

第七，维数高：由于任何完备的元胞自动机的元胞是定义在一维、二维或多维空间上的无限集，每个元胞的状态变量便是这个动力学系统的变量，因此元胞自动机是一类无穷维动力学系统，在实际应用中能处理维数较高的动力学问题。

2.3 人群疏散模型的基础理论

2.3.1 力学模型

（1）磁场力学模型

Okazaki 等提出了模拟行人运动的磁场力学模型。在该模型中，疏散行人、障碍物、疏散空间内的墙体等被定义为阳极，安全出口被定义为阴极，模型假设只有行人可以进行位置的移动。在整个疏散空间范围内，行人在磁场斥力与磁场引力的共同作用下，向着安全出口方向移动，在此过程中应避免与其他行人及障碍物发生冲突。当行人受到其他外来的磁力时，行人会根据受力大小调整运动方向和速度，当速度达到规定的上限的时候，其数值不再变化。模型利用库仑定律来计算行人运动的磁场力，如公式（2-7）所示。

$$\vec{F} = \frac{kq_1 q_2 \ \vec{r_f}}{r_f^3} \tag{2-7}$$

式中：$\vec{F}$ ——场力（矢量）；

k——常数；

q_1 ——行人位置的磁场强度；

q_2 ——磁极位置的磁场强度；

$\vec{r_f}$ ——从疏散行人指向磁极的矢量；

r_f ——由行人与磁极之间的距离。

如图 2-8 所示，为了防止行人 A 与行人 B 相冲突，磁场力学模型中存在着一种斥力，该力会产生一个加速度 a 并作用于行人 A 上，使其运动方向发生改变，即由 RV 转向 AC。其中，加速度 a 的计算方法如公式（2-8）所示。

$$a = V \cdot \cos \alpha \cdot \tan \beta \qquad (2\text{-}8)$$

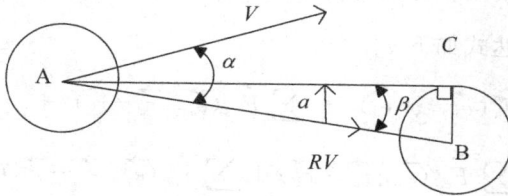

图 2-8 用于行人 A 使其避免与行人 B 冲突的加速度 a

图 2-8 中：A——行人 A；

B——行人 B；

V——行人 A 的速度；

RV——行人 A 对行人 B 的相对速度；

α——V 与 RV 之间的夹角；

β——RV 与 AC 之间的夹角。

在模型中，来自安全出口的吸引力及其他疏散行人和障碍物的排斥力的合力共同作用于每个行人，并决定了疏散行人的运动方向和运动速度。在磁场力学模型中，磁场强度值是预先设定的，如果该强度值较大，那么疏散行人之间、疏散行人与墙体（障碍物）之间的排斥力也相对较大。

（2）社会力模型

20 世纪 90 年代，Helbing 基于分子动力论和心理场论的相关知识提出了可以支配行人运动的社会力模型，模型中把促使行人改变其现有运动状态的所有因素统称为"社会力"，该力的方向和大小随着行人之间的距离、障碍物的位置及安全出口位置的变化而变化。社会力模型是一种连续模型，模型中所描述的行人速度、行人位置及行人的疏散时间等物理量都是连续的。该模型的核心由一组动力学微分方程构成，按照此微分方程可以把相应的物理量的变化联系起来。一旦初始条件给定，模型就可以自动模拟出行人接下来的运动情况。社会力模型的数学表达式如下

$$\vec{F}_a(t) = \vec{F}_a^0(\vec{v}_a,\ v_a^0\vec{e}_a) + \sum_\beta \vec{F}_{\alpha\beta}(\vec{e}_a,\ \vec{r}_\alpha - \vec{r}_\beta) +$$

$$\sum_B \vec{F}_{aB}(\vec{e}_a,\ \vec{r}_\alpha - \vec{r}_B^\alpha) + \sum_i \vec{F}_{ai}(\vec{e}_a,\ \vec{r}_\alpha - \vec{r}_i, t) \qquad (2\text{-}9)$$

式中：$\vec{v}_a$ ——行人的实际速度；

$v_a^0\vec{e}_a$ ——行人的期望速度；

$\vec{r}_\alpha$ ——行人 α 的实际位置；

$\vec{r}_\beta$ ——行人 β 的实际位置；

$\vec{r}_B^\alpha$ ——物体 B 最接近于行人 α 的位置。

该模型的等号右侧第一项表示为行人对期望速度的倾向；第二项为行人之间的排斥力；第三项为行人与障碍物之间的排斥力；第四项为安全出口对行人的吸引力。

2.3.2 格子气模型

Frisch 等提出了著名的 FHP 模型，这是一种在位形空间、速度空间上都高度离散化的模型，模型规则非常简单，并且在微观水平上满足粒子数守恒和动量守恒定律，能够较好地模拟复杂的流体运动。后人通常又将 FHP 模型称为格子气模型（Lattice Gas Model）。格子气模型经常被用来研究不同的公共建筑（如瓶颈通道、大厅、T 形通道等）下人群流动的特征。Muramatsu 等提出了基于格子气的行人疏散模型，模型中把疏散行人比喻成随机运动的气体分子，每个疏散行人会根据周围的动态情况来选择自己下一步的移动位置。当行人不允

许后撤时，疏散行人共有三个方向可以选择，即向前、左移和右移；当行人允许后撤时，疏散行人除了上述的三个方向可供选择以外，还可以后退到后面空白的元胞位置。图 2-9 描述了行人在运动过程中可能遇到的状况（以上行为例），×代表元胞位置被占据；○代表移动的行人。当遇到如图 2-9 所描述的交通状况时，行人上行概率 P_U、左行概率 P_L、右行概率 P_R 的值如下。

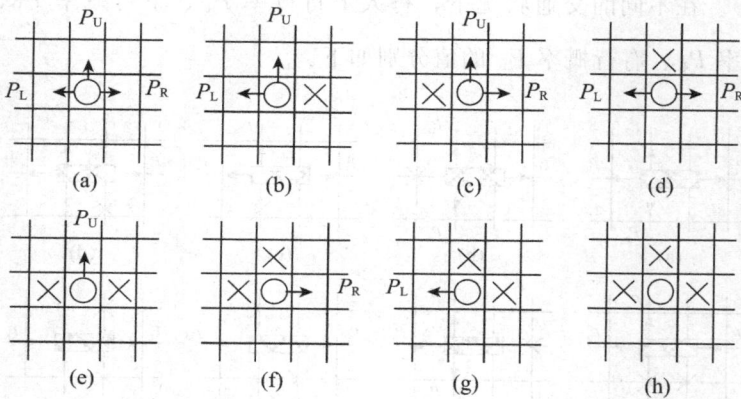

图 2-9 格子气体模型中行人可能遇到的交通情况

情况（a）时：$P_U = D + (1-D)/3$；$P_L = P_R = (1-D)/3$。

情况（b）时：$P_U = D + (1-D)/2$；$P_L = (1-D)/2$；$P_R = 0$。

情况（c）时：$P_U = D + (1-D)/2$；$P_R = (1-D)/2$；$P_L = 0$。

情况（d）时：$P_U = 0$；$P_L = P_R = 1/2$。

情况（e）时：$P_U = 1$；$P_L = P_R = 0$。

情况（f）时：$P_U = P_L = 0$；$P_R = 1$。

情况（g）时：$P_U = P_R = 0$；$P_L = 1$。

情况（h）时：$P_U = P_L = P_R = 0$。

其中，D 为飘移强度系数，且 $0 \leqslant D \leqslant 1$。

在情况（h）下，如果行人允许后退，那么行人以概率 $P_D = 1$ 向下移动；如果行人不允许后退，那么行人停止不动。

在基本的格子气体模型中，行人占据一个元胞的位置。随着对格子气体模型研究的深入，衍生出多种格子气扩展模型。在 Nagai 等的扩展格子气体模型中，行人可以占据两个或者更多的位置，用来仿真匍匐前进的行人，假设运动物体占据两个元胞位置，以右行物体为例，物体在移动过程中可能遇到的交通情况如图 2-10 所示（对称情况省略）。在不同的交通状况下，行人上行概率 P_U、下行概率 P_D、左行概率 P_L、右行概率 P_R 的值分别如下。

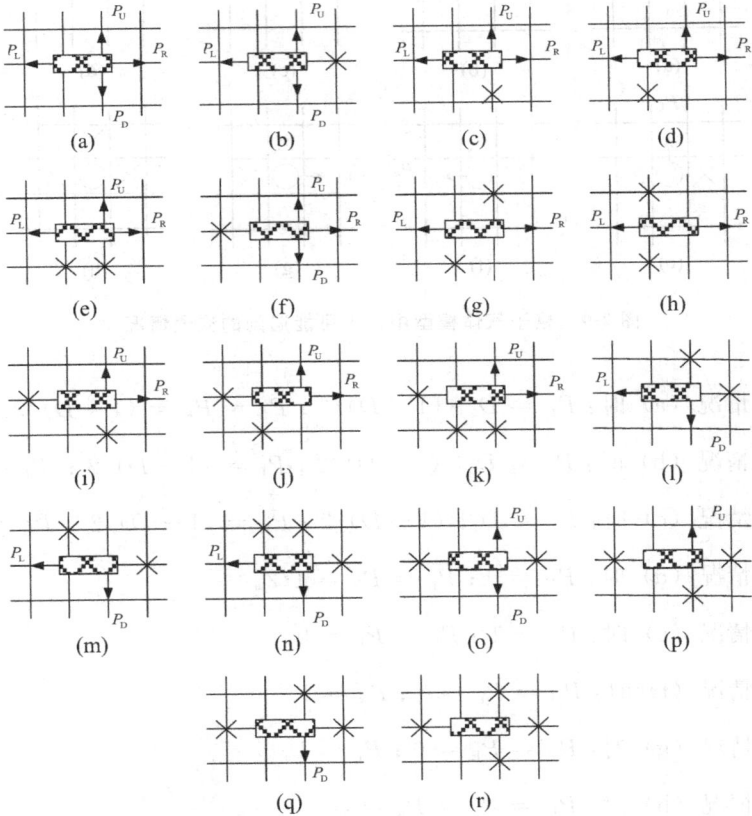

图 2-10　扩展的格子气模型中右向行人可能遇到的交通状况

情况（a）：$P_R = D + (1-D)/4$；$P_U = P_D = P_L = (1-D)/4$。

情况（b）：$P_R = 0$；$P_U = P_D = P_L = 1/3$。

情况（c）、（d）和（e）：$P_R = \left(D + \dfrac{1-D}{4}\right)\left[\dfrac{1}{1-(1-D)/4}\right]$；$P_D = 0$；

$P_L = P_U = \left(\dfrac{1-D}{4}\right)\left[\dfrac{1}{1-(1-D)/4}\right]$。

情况（f）：$P_R = \left(D + \dfrac{1-D}{4}\right)\left[\dfrac{1}{1-(1-D)/4}\right]$；$P_L = 0$；$P_U = P_D =$

$\left(\dfrac{1-D}{4}\right)\left[\dfrac{1}{1-(1-D)/4}\right]$。

情况（g）和（h）：$P_R = \left(D + \dfrac{1-D}{4}\right)\left[\dfrac{1}{1-(1-D)/2}\right]$；$P_U = P_D = 0$；

$P_L = \left(\dfrac{1-D}{4}\right)\left[\dfrac{1}{1-(1-D)/2}\right]$。

情况（i）、（j）和（k）：$P_R = \left(D + \dfrac{1-D}{4}\right)\left[\dfrac{1}{1-(1-D)/2}\right]$；$P_L =$

$P_D = 0$；$P_U = \left(\dfrac{1-D}{4}\right)\left[\dfrac{1}{1-(1-D)/2}\right]$。

情况（l）、（m）和（n）：$P_R = P_U = 0$；$P_D = P_L = 1/2$。

情况（o）：$P_R = P_L = 0$；$P_D = P_U = 1/2$。

情况（p）：$P_U = 1$；$P_D = P_R = P_L = 0$。

情况（q）：$P_D = 1$；$P_U = P_R = P_L = 0$。

情况（r）：$P_D = P_U = P_R = P_L = 0$。

2.3.3　元胞自动机模型

Cremer 和 Ludwig 最先将元胞自动机模型应用到车辆交通的研究中，并通过实际交通数据验证了模型。随后一些专家学者开始将元胞自动机模型应用到行人运动微观仿真领域。

（1）领域模型

Burstedde 等提出了基于元胞自动机的领域模型，随后 Kirchner 和

Schadschneider 等对其进行了修正。领域模型通过静态领域和动态领域实时地调整行人的移动概率，从而实现行人移动过程中的相互作用。模型首先确定行人的移动选择 [图 2-11(a)]，并建立相应的偏好矩阵 [图 2-11(b)]，以及相应位置的静态领域矩阵和动态领域矩阵（图 2-12）。

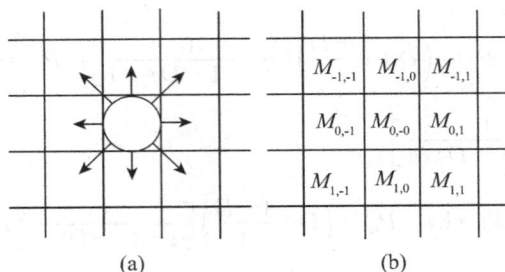

图 2-11　行人的位置选择及其偏好矩阵

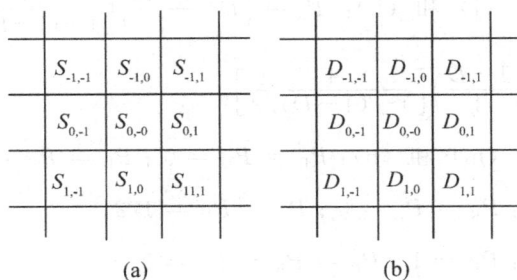

图 2-12　行人的静态领域和动态领域矩阵

在 Burstedde 模型中，行人的行走概率 P_{ij} 为

$$P_{ij} = NM_{ij}D_{ij}S_{ij}\,(1-n_{ij}) \tag{2-10}$$

在 Kirchner 模型中，行人的行走概率 P_{ij} 为

$$P_{ij} = N\exp\,(k_D D_{ij})\,\exp\,(k_S S_{ij})\,(1-n_{ij}) \tag{2-11}$$

在式（2-10）和式（2-11）中，

M_{ij} ——行人行走的偏好参数；

n_{ij} —— 元胞位置是否被占据，如果元胞被占据 $n_{ij}=1$，否则 $n_{ij}=0$；

k_S，k_D——分别为静态领域和动态领域的敏感系数；

S_{ij}，D_{ij}——分别为静态领域和动态领域值。

N 为标准化系数，

$$N = \left[\sum_{(i,j)} \exp(k_D D_{ij}) \exp(k_S S_{ij})(1 - n_{ij}) \right]^{-1} \quad (2\text{-}12)$$

在领域模型中，如果存在多个行人同时想占据某个特定的元胞位置时，拥有较大移动概率的行人优先占据该位置。行人的移动概率 $P_{(i)}$ 为

$$P_{(i)} = \frac{P^{(i)}}{\sum_{n=1}^{M} P^{(n)}} \quad (2\text{-}13)$$

式中：$P_{(i)}$——第 i 人移动到冲突位置的概率；

$P^{(i)}$——第 i 人在移动选择中选择移动到冲突位置的移动概率；

M——发生位置冲突的行人个数。

（2）出口选择模型

Yuan 和 Kang 建立了基于出口选择行为的元胞自动机模型，模型考虑了空间距离和行人密度两方面的因素，并把惯性行为、群组行为和心理影响引入规则中（图 2-13）。

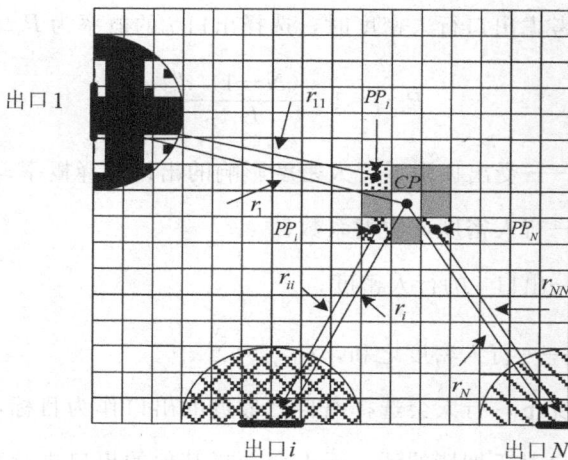

图 2-13 多出口选择的元胞自动机模型

图中：CP——行人当前位置；

PP_1，…，PP_i，…，PP_N——选择第 i 个出口的行人下一时间步的目标元胞位置；

r_1，…，r_i，…，r_N——从行人当前位置到出口 i 的距离；

r_{11}，…，r_{ii}，…，r_{NN}——从下一步备选位置到出口 i 的距离。

在当前位置时，行人会选择一个出口作为目标，为了安全到达目的地，行人会考虑两方面的因素：行人距安全出口的距离和安全出口附近的行人密度。如果只考虑空间距离时，选择出口 i 的概率为 P_{i-r}

$$P_{i-r} = 1 - \frac{(N-1)\ r_i^{k_r}}{R_{(k_r)}} \tag{2-14}$$

式中：P_{i-r}——受空间距离影响的出口选择概率；

N——出口个数；

k_r——距离灵敏度系数；

r_i——当前位置到出口 i 的距离值；

$R_{(k_r)}$——距离值之和，$R_{(k_r)} = \sum\limits_{i=1}^{N} r_i^{k_r}$。

如果只考虑出口行人密度时，选择出口 i 的概率为 P_{i-d}

$$P_{i-d} = 1 - \frac{(N-1)\ d_i^{k_d}}{D_{(k_d)}} \tag{2-15}$$

式中：P_{i-d}——受出口附近行人密度影响的出口选择概率；

k_d——行人密度灵敏度系数；

d_i——出口 i 的行人密度；

$D_{(k_d)}$——行人密度之和，$D_{(k_d)} = \sum\limits_{i=1}^{N} d_i^{k_d}$。

一般情况下，行人会选择离自己最近的出口作为目标，然而，如果最近的出口过于拥堵的话，行人会选择其他的出口进行疏散。也就是说，对于行人而言，如果他/她想移动到出口 i，就需要综合考虑

P_{i-r} 和 P_{i-d} 的相互关系。因此，选择出口 i 为目标元胞的概率为

$$P_i = \frac{\alpha P_{i-r} + \beta P_{i-d}}{\alpha + \beta} \qquad (2-16)$$

$$\alpha = \frac{1}{N} \sum_{j=1}^{N} \left| 1 - \frac{r_j N}{R_{(k_r)}} \right|^{k_\alpha} \qquad (2-17)$$

$$\beta = \frac{1}{N} \sum_{j=1}^{N} \left| 1 - \frac{d_j N}{D_{(k_d)}} \right|^{k_\beta} \qquad (2-18)$$

式中：k_α 和 k_β 是标量常数，代表空间距离和出口密度的相对重要性，其他参数如公式（2-15）所示。

（3）成本效益模型

Gipps 和 Marksjo 提出了基于成本效益的元胞自动机模型。该模型将二维空间均匀划分为 0.5 m×0.5 m 的均匀网格（元胞），每个元胞仅有两种状态：要么为空，要么被一个行人所占据。按照周围元胞的占据情况给每个元胞位置赋予成本值 S，用以表示障碍物及周围行人的排斥作用，令疏散行人向安全出口方向移动的效益值为 $P(\sigma_i)$，成本值 S 和效益值 $P(\sigma_i)$ 共同决定着行人的运动方向和运动过程。成本值 S 的计算公式如下

$$S = \frac{1}{(\Delta - \alpha)^2 + \beta} \qquad (2-19)$$

式中：S——元胞 k 的成本值（排斥作用）；

Δ——行人与元胞 i 之间的距离；

α——$\alpha = 0.4$ m，略小于行人所占直径（0.5 m）的常数；

β——$\beta = 0.015$，修正系数。

$$P(\sigma_i) = K\cos(\sigma_i) |\cos(\sigma_i)|$$

$$= \frac{K\ (S_i - X_i)\ (D_i - X_i)\ |(S_i - X_i)\ (D_i - X_i)|}{|(S_i - X_i)|^2\ |(D_i - X_i)|^2} \qquad (2-20)$$

式中：$P(\sigma_i)$——行人向安全出口方向移动时的效益值；

K——比例常数；

σ_i——行人向元胞 i 移动时偏离安全出口的角度；

S_i——指向目标元胞的矢量；

X_i——指向对象的矢量；

D_i——指向安全出口的矢量。

网络效益值 B 为

$$B = P(\sigma_i) - S \tag{2-21}$$

模型通过公式（2-21）计算移动邻域内的 9 个元胞的网络效益值，行人在下一时间步将会选择网络效益值最大的位置进行移动。成本效益元胞模型的计算较为简单，但是由于对元胞和行人赋值的随意性，在实际情形中难以对模型参数进行标定。

（4）确定概率模型

杨立中等提出了一个模拟火灾中人员逃生的确定概率模型，所有规则的确定都遵循一个总的原则：逃生的人员总是尽可能以最快的速度往最安全的地方运动。模型具有很强的扩展能力，黄乒花等对模型进行了相应改进。模型建立在二维元胞自动机上。每个格点对应一个位置危险度，行人根据其邻域内格点的位置危险度来确定下一时间步的运动位置。采用 Moore 邻居，行人可以向 8 个方向运动（图 2-14）。

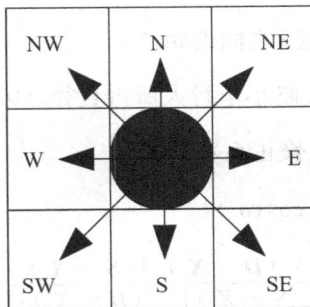

图 2-14 行人运动方向示意图

① 位置危险度（PD）的确定

$$PD(i,j) = \begin{cases} 0 & \text{（格点在出口处）} \\ \infty & \text{（格点被行人或墙壁占据）} \\ \sqrt{(x_i - x_0)^2 + (y_j - y_0)^2} & \text{（格点在疏散区域内）} \end{cases}$$

(2-22)

式中：(x_i, y_j)——格点的坐标；

(x_0, y_0)——安全出口的坐标。

② 行人运动规则

比较行人邻域内各格点的位置危险度，选择数值最小的格点作为下一时间步的目标位置，如果下一时间步的位置危险度小于此时的位置危险度，那么行人移动到该格点；如果下一时间步的位置危险度与此时的位置危险度相等，行人则以 0.5 的概率移动到该格点，以 0.5 的概率静止不动；如果下一时间步的位置危险度大于此时的位置危险度，行人则以 0.2 的概率移动到该格点，以 0.8 的概率静止不动；当行人具有多个可选目标格点时，行人将等概率地选其一作为运动目标格点。以安全出口在 S 方向为例，可能存在以下情况：

a. 若 S，SW（或 SE）方向的格点均为运动目标格点，则 $P_S = 0.8$，$P_{SW} = 0.2$（或 $P_{SE} = 0.2$）；

b. 若 SW，SE 方向的格点均为运动目标格点，则 $P_{SW} = P_{SE} = 0.5$；

c. 若 S，SW，SE 方向的格点均为运动目标格点，则 $P_S = 0.8$，$P_{SW} = P_{SE} = 0.1$；

d. 若 W，E 方向的格点均为运动目标格点，则 $P_{stop} = 0.5$，$P_W = P_E = 0.25$；

e. 若 NW，N，NE 方向中任意两个格点均为运动目标格点，则 $P_{stop} = 0.8$，$P_{NW} = P_N = 0.1$ 或 $P_{NE} = P_N = 0.1$ 或 $P_{NW} = P_{NE} = 0.1$；

f. 若 NW，N，NE 方向的格点均为运动目标格点，则 $P_{stop} = 0.8, P_{NW} = P_N = P_{NE} = 0.067$。

（5）动态参数模型

岳昊等提出了基于元胞自动机的动态参数模型来模拟行人流疏散。仿真模型主要利用动态参数模型的两个基本参数：方向参数和空格参数，对疏散空间内的行人在不同条件和环境下的疏散过程进行分析研究。行人的活动空间被离散化为大小相等的二维离散元胞，而且行人的仿真过程也被离散化为相等的时间步长，在每个离散的时间步长内，行人或停止等待，或以最大的速度 $V_{max} = 1$ 元胞/步移动。在选择下一时间步的位置时，行人会判断移动领域内每个位置的移动收益，选择其中拥有移动收益最大的位置作为自己的下一时间步的位置，移动收益为方向参数与空格参数的总和（图 2-15）。

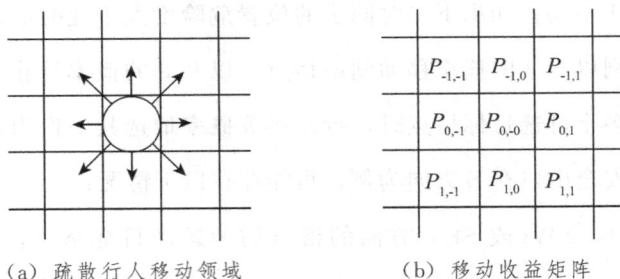

（a）疏散行人移动领域   （b）移动收益矩阵

图 2-15 疏散行人移动领域及其相应的移动收益矩阵

在移动领域内，方向参数矩阵为

$$\boldsymbol{D}_{ij} = \begin{cases} \dfrac{S_{00} - S_{ij}}{1} & \text{垂直水平方向移动 } i+j=1, -1 \\[2mm] \dfrac{S_{00} - S_{ij}}{\sqrt{2}} & \text{斜线方向移动 } i+j=0, -2, 2 \end{cases} \tag{2-23}$$

式中：$\boldsymbol{D}_{ij}$ ——方向参数矩阵；

S_{00} ——移动领域中心位置的静态参数值；

S_{ij} ——移动领域内的静态参数值。

空格动态参数矩阵元素的值为

$$E_{ij} = \begin{cases} 1 & \text{空的元胞位置} \\ 0 & \text{中心元胞位置} \\ -1 & \text{被其他行人占据的元胞位置} \end{cases} \quad (2\text{-}24)$$

式中：E_{ij} ——空格参数。

$$P_{ij} = D_{ij} + E_{ij} \quad (2\text{-}25)$$

式中：P_{ij} ——移动收益值。

模型通过公式（2-25）计算移动领域内的移动收益值，行人将会向收益值最大的元胞移动。

2.4　本章小结

本章首先介绍了行人视频检测的基础理论，分别从行人检测、行人跟踪、行人识别和参数提取四个方面进行了分析；然后阐述元胞自动机的定义、构成和特征；最后介绍了人群疏散模型的基础理论，分别介绍了力学模型、格子气模型和元胞自动机模型的基础理论。

3 行人视频检测方法的研究

现有的行人检测方法采用模块化的理论设计，可以实时进行行人数据采集和统计，但由于行人是个复杂的个体，其本身的运动有着一定的不可预测性，而且在不同的交通状态下会存在着不同的运动特性，而现有的行人检测方法并没有考虑交通状态的不同对行人检测的影响。因此，本章分别从低密度和高密度两种交通状态对行人视频检测方法进行了研究。

首先，分析了低密度状态下行人交通特性，提出了基于行人运动的检测方法：在传统的高斯模型的基础上，从改进权值参数和控制方差两个方面对行人运动检测进行了改进；应用 Kalman 滤波和 Mean - Shift 算法的基本原理，建立了相应的目标跟踪方法，改进了多个运动目标相互重叠或分离时的处理方法；通过 BP 神经网络对运动个体进行分类，进而得到行人的运动信息。其次，针对高密度状态下行人的交通特性，提出了基于人头的改进的行人检测方法：结合以往的人头检测方法，提出了基于头发颜色在 RGB 和 HSV 颜色空间、脸部颜色在 YUV 颜色空间的混合颜色模型，进而确定候选人头区域；利用 Canny 算法与小波变换法，通过寻找梯度的局部最大值确定候选边缘点，连接所有边缘点后提取人头轮廓；根据 Hough 变换的基本思想，提出了基于人头图像的圆环检测方法，对人头进行精确定位并统计行人流量。

3.1 行人运动的基本特征

步行作为健康、可持续发展的交通出行方式，越来越多地受到各国政府和交通管理人员的重视和鼓励。与发达国家相比，我国城市居民步行出行的分担率更高。行人的基本运动特征是指行人在移动过程中所表现出来的行为特征，主要包括：速度、密度、流量、行人空间需求、行人路径选择等方面。

行人速度是指行人在行进中的速度。行人的个体平均速度是指行人个体在行进中的平均速度；行人流的平均速度是指行人流中所有个体行人的平均速度。在低密度的情况下行人流的平均速度主要受年龄、性别、行动能力、出行目的、路线熟悉程度、出行长度等内在因素的影响；在高密度的情况下行人流的平均速度主要受行人所在的行人交通流的类型等外在交通因素的影响。行人流的平均速度可以用时间平均速度和空间平均速度分别来表示。时间平均速度是指在某一时刻内行人穿过观测线的瞬时速度的算术平均值，计算公式为

$$\bar{v}(t) = \frac{\sum_{i=1}^{N(t)} v_i(t)}{N(t)} \qquad (3-1)$$

式中：$\bar{v}(t)$——行人流的时间平均速度；

$N(t)$——t 时刻观测统计的行人总数；

$v_i(t)$——第 i 个行人 t 时刻穿过检测线的瞬时速度。

空间平均速度是指某一段距离内行人的平均速度，计算公式为

$$u = \frac{\sum_{i=1}^{N(u)} v_i}{N_{(u)}} \qquad (3-2)$$

式中：u——空间平均速度；

v_i——第 i 个行人的速度；

$N_{(u)}$——观测统计的行人总数。

行人密度是指在行人移动区域内单位面积上的行人平均数量。当行人密度较低时，行人所占空间较大，行人之间的相互干扰作用较小，行人可以以自由流的方式向周围运动，此时行人属于离散的随机体，不具备连续介质的特征；当行人密度较高时，行人所占空间较小，行人之间的相互干扰作用较大，某个行人细小的扰动都会扩散到整个行人流。

行人流量是指在统计时间内通过某一断面的行人数量。行人流率是指单位时间内通过单位有效宽度的行人数量。行人通过某一断面的流量与行人移动区间内的行人流密度和速度有很大关系。Highway Capacity Manual（HCM）给出的流量密度关系式为

$$V = S \cdot K = \frac{S}{M_1} \tag{3-3}$$

式中：V——行人流率；

S——行人速度；

K——行人密度；

M_1——平均每个行人占据的空间。

图 3-1、图 3-2 和图 3-3 分别为 HCM 提供的速度-空间关系曲线、流量-空间关系曲线和速度-流量关系曲线。通过关系曲线分析可知，在行人密度较低的情况下，行人拥有较高的移动空间和自由度，行人的运动速度可以达到最大值，因此随着行人数量的逐渐增加，行人流量也在逐渐增加并达到一个最大值。然而，随着行人平均空间的进一步减少，行人之间的干扰逐渐增多，行人流量和行人速度开始逐渐降低，最后二者都降为零，变为完全拥堵状态。

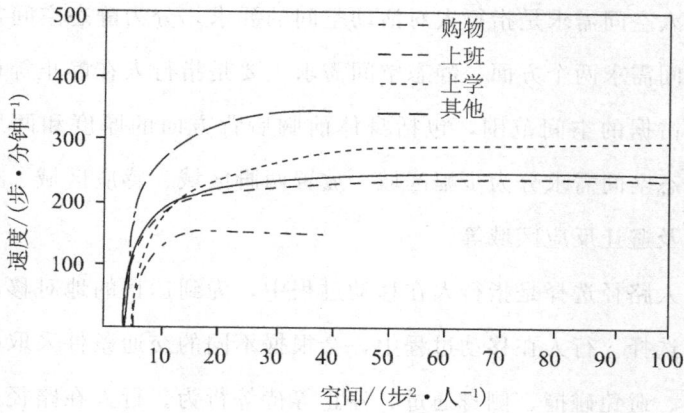

图 3-1　速度－空间关系曲线

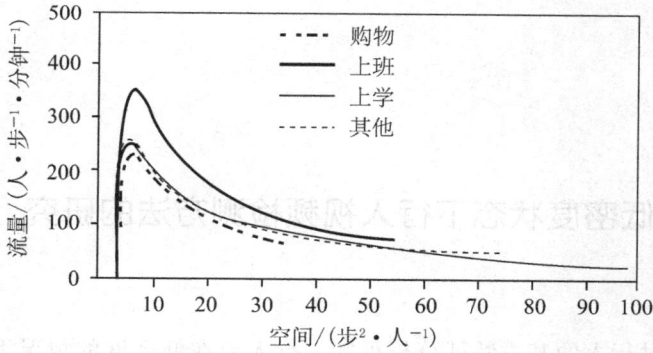

图 3-2　流量－空间关系曲线

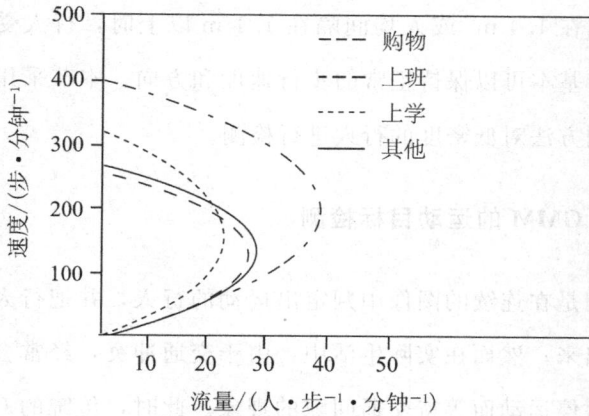

图 3-3　速度－流量关系曲线

行人空间需求是指行人对活动空间的要求，分为静态空间需求和动态空间需求两个方面。静态空间需求主要是指行人在静止等待的状态下所占据的空间范围，包括身体前胸后背方向的厚度和两肩的宽度。动态空间需求分为步幅区域、放置两脚区域、感应区域、行人视觉区域及避让反应区域等。

行人路径选择是指行人在移动过程中，为到达目的地对移动路线做出的选择。行人在移动过程中，会根据不同的交通条件采取跟随前方行人、避免碰撞、侧身通过、停止等待等行为。行人在路径选择时更愿意选择最快到达的路线，行走时与障碍物和其他行人保持一定的间距。

3.2 低密度状态下行人视频检测方法的研究

通过行人的基本特征分析可知，行人流在低密度的情况下，行人可以按照自己的意愿，以自由的速度移动。通过以往的研究发现，行人的人均空间在 1.4 m² 或人均间隔在 1.4 m 以上时，行人受其他行人干扰较小，基本可以保持正常的步行速度和方向。本节采用基于行人运动的检测方法对低密度的行人进行检测。

3.2.1 改进 GMM 的运动目标检测

行人检测是在连续的图像中判定出运动的行人，并把行人从背景图像中提取出来。然而在实际生活中，由于交通冲突，经常会出现行人慢行或者暂停运动而等待交通间隙的现象。此时，传统的 GMM 会将暂停运动的行人在一定等待时间后融入背景模型，进而从运动的前景中消失。在图 3-4 中，（a）为视频原始图像；（b）为背景图像；（c）为前景图像。对于此现象，李志慧提出了基于对象级的混合高斯背景模型更新方法，根据运动分割、物体识别、结合像素的时空特性，对前景和背景进行更新。此方法虽然可以有效地将运动前景从背景中分离出来，但动态阴影的检测将会引起前景的变化，当变化较大时，运动前景可能失真。李琦建立了自适应块均值密码本模型，将当前帧分割为大小自适应的非重叠块，当图像块中变化像素面积在一定阈值范围内时，将该图像块进行等分，并用块均值建立 cache 密码本，对前景与背景进行分割。模型虽然可以有效地减少前景融入背景的可能，但此方法对样本要求极为严格，而且在目标跟踪时处理过程极为烦琐。

(a) 视频原始图像   (b) 背景图像   (c) 前景图像

图 3-4 传统 GMM 运动检测失误示例

当运动的行人进入场景时，如果当前像素与背景模型的前 K 个高斯分布都不匹配，则被定义为运动前景（此时 $\omega_{k,t}/\sigma_{k,t}$ 较小）。倘若因为交通冲突等原因使得行人暂停运动，那么随着时间的推移，相应高斯分布的权值将逐渐增大，方差逐渐减小，新的分布将替换位于序列底部的高斯分布，当 $\omega_{k,t}/\sigma_{k,t}$ 变得足够大时，其对应的高斯分布将成为前 B 个高斯分布，该像素也将被分类为背景。因此，本节拟从改进权值参数和控制方差两个方面对传统的 GMM 模型进行改进。

（1）改进权值参数

改进权值参数的主要思路是通过控制最有可能进入背景模型的高斯分布的权值，来延缓该分布进入前 B 个高斯分布的时间，减少运动前景成为背景的可能性。对于改进权值参数，本书主要从两个方面进行了考虑：首先，减少由于交通冲突而导致静止的行人融入背景模型的时间；其次，假定每个高斯模型的权值在时间序列上是非独立的，上一时刻权值的大小将会影响下一时刻的均值。基于以上考虑，本书对权值参数进行了改进

$$\omega_{k,t} = \lambda \cdot \omega_{k,t} \cdot \frac{C_\beta}{M_\beta} + （1-\lambda） \cdot \omega_{k,t-1} \qquad (3\text{-}4)$$

式中：C_β——统计像素被连续分类为前景的次数；

M_β——静止物体保持为前景的期望值；

λ——学习率，取非常小的固定值。

（2）控制方差

如果方差逐渐变小，$\omega_{k,t}/\sigma_{k,t}$ 将逐渐增大，对应的高斯分布成为背景模型的概率也就随之增加，因此有效地控制方差，可减少运动行人成为背景模型的可能。控制方差的公式表示为

$$\sigma_{k,t}^2 = (1-\varepsilon) \cdot \sigma_{k-1,t}^2 + \varepsilon \cdot \sigma_{k,t}^2 \qquad (3\text{-}5)$$

式中：ε——方差更新率。

图 3-5 为改进的 GMM 运动前景与以往模型的比较。其中，图 3-5(a)是通过改进的 GMM 所得到的背景图像，可以看出，由于交通冲突而暂时静止的行人作为运动目标被检测出来，显示在运动前景在图 3-5（b）～（d）中，这样就避免了暂停运动的前景被列为背景模型的可能。通过比较可以发现，李琦模型和李志慧模型都出现了将一部分运动前景错误分割为背景的情况，前景目标融入背景模型的现象较为明显，尤其

是李琦所建立的模型，所得的检测结果噪声较大，运动行人轮廓较为模糊。本书所建的模型从改进权值参数和控制方差两个方面来考虑，在尽量不改变背景模型的同时，延缓运动前景融入背景的时间，由于有效地控制了方差的更新，因此背景模型相对稳定，静止的前景成为背景的可能性较小。然而，由于实验条件的影响，实验视频序列中所包含的动态背景（例如晃动的树枝与树叶等）可能会对运动目标的检测结果产生误差，但对行人的运动检测影响不大，可忽略不计。

(a) 背景图像　　　　　　　(b) 李琦模型的运动前景

(c) 李志慧模型的运动前景　　(d) 本书改进的GMM的运动前景

图 3-5　改进 GMM 的运动前景与以往模型的比较

3.2.2　基于 Kalman 滤波和 Mean‑Shift 算法的目标跟踪

行人跟踪是指通过在视频序列的每幅图像中寻找行人的位置，从而建立运动行人在视频序列中的联系。然而，在实际生活中，由于行人之间存在着相互遮挡，这导致行人的轮廓特征非常不明显，进而严重影响了跟踪结果和精度。对于此类问题，李娟等提出了基于 Kalman 滤波的行人跟踪方法，利用 Kalman 滤波预测行人的运动轨迹，建立不同的运动模板来处理行人合并和分离情况，虽然该方法可以有效地预测行人的运动轨迹，但如果行人的个体差异性不大，并且同时存在多个行人沿不同方向进行合并时，该方法的检测精度就有所下降。李琦提出了基于 HSV 空间中密码本模型的行人视频检测方法，通过对检测到的前景目标区域的分析，将满足一定面积和长宽比阈值条件的前景区域判定为行人，根据行人的面积变化来进行相应的合并和分离处理。此方法虽然可以将部分合并的行人分离开来，但如果存在多行人的群体相互合并时，此方法的有效性降低。

根据以上分析，本书采用了基于 Kalman 滤波和 Mean - Shift 算法的目标跟踪方法：在行人预测过程中，通过 Kalman 滤波预测运动目标在下一帧的可能位置，然后将预测结果与实际结果进行匹配得到跟踪匹配矩阵；在行人合并与分离处理过程中，本书采用了 Mean - Shift 算法的最优化思想对合并的、遮挡的行人进行聚类分割，分别提取每个行人的移动信息，从而改进了多个运动目标相互重叠或分离时的处理方法。

（1）基于 Kalman 滤波的目标跟踪

① 基本假设

定义 Kalman 滤波的状态向量 x_t 是一个四维向量（p_x, p_y, v_x, v_y），其中（p_x, p_y）为目标的位置，（v_x, v_y）为目标的速度，假设运动目标在每一帧内做匀速运动，状态转移矩阵 $A_{n \times n}$ 可以定义为

$$A_{n \times n} = \begin{bmatrix} 1 & 0 & \Delta t & 0 \\ 0 & 1 & 0 & \Delta t \\ 0 & 0 & 1 & 0 \\ 0 & 0 & 0 & 1 \end{bmatrix} \tag{3-6}$$

根据状态方程和观测方程的关系，可以得到观测矩阵 $H_{m \times n}$

$$H_{m \times n} = \begin{bmatrix} 1 & 0 & 0 & 0 \\ 0 & 1 & 0 & 0 \end{bmatrix} \tag{3-7}$$

② 运动匹配

根据 Kalman 滤波预测运动目标在下一帧中的位置,以得到的预测点位置作为预测矩形的质心,将检测矩形的长和宽分别加上预测误差的最大值,得到预测矩形的长和宽。预测矩形即跟踪算法的搜索范围,根据预测矩形和检测矩形的相交情况,判断匹配结果。

当预测矩形与检测矩形相交时,则赋值为 1,即预测矩形与检测矩形匹配;否则赋值为 0,即不匹配。图 3-6 给出了几种可能的匹配结果(灰色边框表示预测矩形,白色边框表示检测矩形)。图 3-6(a)表示预测矩形与检测矩形是一一对应的关系;图 3-6(b)表示两个预测矩形与一个检测矩形匹配,说明发生了合并;图 3-6(c)表示两个检测矩形同时匹配一个预测矩形,说明发生了分裂;图 3-6(d)表示没有匹配的检测矩形,表示有新的运动目标进入场景;图 3-6(e)表示没有匹配的预测矩形,表示运动目标离开监控场景,跟踪终止。

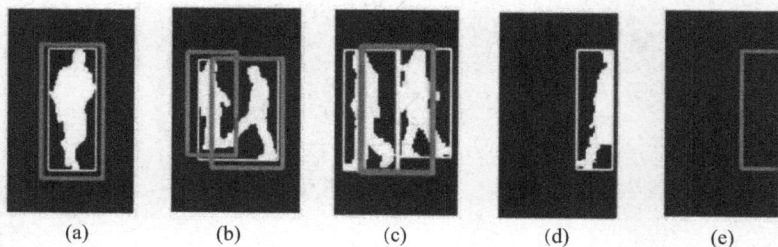

(a)　　　(b)　　　(c)　　　(d)　　　(e)

图 3-6　匹配结果

(2) 基于 Mean – Shift 算法的合并与分离处理

为了准确描述目标跟踪时行人的合并和分离现象,本书在 Kalman 滤波预测的结果和改进的 GMM 模型检测到的运动前景的基础上,采用 Mean – Shift 算法对运动前景的差分图像进行聚类分割,差分图像里的像素点灰度值越大，那么该目标属于行人的概率就越大，由于差分图像可以被认为是一个二维概率分布函数，含有很多概率密度的模态点，可以通过检测可能代表行人的某一模态点来对图像进行分割，因此在差分图像中分割目标的过程可被看作是搜索差分图像极值的过程，具体步骤如下。

步骤 1：将差分图像的灰度值进行标准化处理，设定最大灰度值为 1，其他灰度值按比例转化到 [0，1] 区间范围内。

步骤 2：将灰度值进行排序，选取序列中的最大值作为采样点，以选取的采样点为中心坐标，检测矩形 $1/N$ 倍的窗口内的其他所有点全部清零；重复上述操作，直到序列中所选的最大灰度值小于阈值 T_{M-S}，此时会得到若干个局部灰度最大值点，也就是若干个采样点。

步骤 3：按照缩放比例，利用 Mean-Shift 算法搜索每一个采样点附近的模态点。其中，Mean-Shift 向量的计算公式为

$$\begin{cases} m_x(x,y) = \dfrac{\sum\limits_{i=1}^{n} x_i I(x_i, y_i)}{\sum\limits_{i=1}^{n} I(x_i, y_i)} - x \\ \\ m_y(x,y) = \dfrac{\sum\limits_{i=1}^{n} y_i I(x_i, y_i)}{\sum\limits_{i=1}^{n} I(x_i, y_i)} - y \end{cases} \tag{3-8}$$

式中：$m_x(x,y)$ ——向量在 x 轴上的偏移；

$m_y(x,y)$ ——向量在 y 轴上的偏移；

$I(x_i, y_i)$ ——向量的概率分布函数。

步骤 4：将落在同一个聚类窗口中所有收敛点聚为一类，并根据每个收敛点的概率密度计算该聚类内收敛点坐标，加权平均得到该聚类中心位置的坐标。

步骤5：根据上一步所得的中心位置的坐标，按照行人的运动速度，可得到下一帧时的预测位置，判断此时的匹配情况，如果此时行人之间仍存在合并，则返回到步骤1；如果此时行人已经分离，则按照 Kalman 滤波进行预测。

为了描述本节所建的跟踪方法在目标跟踪方面的优势，本书进行了相关的实验，实验场景为北京交通大学交通运输设备馆前的空地［图3-7(a)］，实验人员共4人，年龄为25～30岁，个体的差异性相对较小，为了便于观测和比较，将实验人员分别进行了编号，行人的运动方向如图 3-7(b) 所示，在实验过程中，实验人员采取匀速运动。

(a) 实验场景   (b) 行走方向

图 3-7　目标跟踪的实验场景

图 3-8 描述了基于 Kalman 滤波和 Mean – Shift 算法的目标跟踪处理结果。当实验人员没发生合并现象时，采用 Kalman 滤波对人员进行跟踪；当行人发生合并时［第一次合并如图 3-8 (a) 所示，第二次合并如图 3-8 (b) 所示］，采用 Mean – Shift 算法对行人进行聚类分割，并通过行人速度预测下一帧的位置；当行人分离之后，继续采用 Kalman 滤波对人员进行跟踪［图 3-8 (c)］。从图 3-8 中得到的行人运动轨迹可以看出，本算法可以很好地解决遮挡问题，克服合并和分离的影响。为了更好地体现这个优点，本书与以往的方法进行了比

较（图 3-9），选取实验人员第二次合并为研究对象，李娟所提出的方法通过建立不同的运动模板来处理行人合并和分离情况，但是当两个模板的长、宽、形状复杂度基本相同时，可能会导致跟踪的误判，如图 3-9（a）所示。当行人第一次发生合并时，行人③和行人④的模板特征几乎相同，因此行人的运动轨迹可能会发生错误，与实际行人行走路线不符（第一次合并后，由于运动模板相似，行人③的运动轨迹和行人④的运动轨迹可能会发生互换，但发生此类情况的概率不足20％）；行人①和行人②由于模板特征较为明显，所以不会发生轨迹跟踪的误判。本书所建立的基于 Kalman 滤波和 Mean – Shift 算法的目标跟踪方法，通过搜索差分图像的极值来搜索聚类分割的目标，不仅可以有效地分割行人目标，而且可以避免误判情况的发生。如图 3-9（b）所示，行人运动轨迹与实际行人行走路线基本相符。

(a)　　　　　　　　(b)　　　　　　　　(c)

图 3-8　合并与分离处理结果

(a) 李娟提出的方法　　　　　　　(b) 本书提出的方法

图 3-9　与以往方法的比较

3.2.3 采用 BP 神经网络的目标识别

本书依据运动特征和形状特征，采用基于 BP 神经网络的识别方法对运动目标进行分类，其中，目标特征考虑了目标的位置（p_x，p_y）、速度（v_x,v_y）、宽度（W_k）、高度（H_k）、面积（A_k）、目标的长宽比（R_k）和形状复杂度（C_k，$C_k = 4\pi \times A_k/P_k^2$），因此，输入层的特征参量 $X = (p_x,p_y,v_x,v_y,W_k,H_k,A_k,R_k,C_k)$，输出层按运动个体分类：站立行人（1，0，0）、匍匐行人（0，1，0）和其他方式行人（0，0，1）。因此，BP 神经网络由 9 个输入层节点、3 个输出层节点构成。如图 3-10 所示，选择适当的目标识别模型训练样本，当误差小于预先设定的阈值，则训练结束。

(a) 站立行人

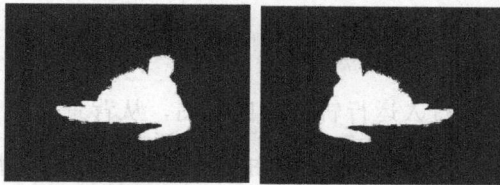

(b) 匍匐行人

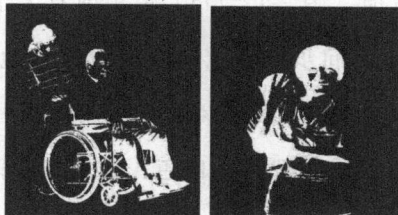

(c) 其他方式行人

图 3-10 目标识别模型的训练样本

3.2.4 实验分析

本节采用实际交通视频对低密度状态下的行人检测方法进行验证。视频采集地点如图 3-11（为某大型商场的一楼），视频检测的时间为 0.5 min，共有 20 人出现在视频当中，而检测人数为 17 人，正确率为 85%，这是因为图中有三人的位置自始至终都没有发生改变，此时模型默认此三人为背景，因此没有进行检测。

图 3-11　低密度状态下的实验环境

图 3-12 分别显示了 $t=4$，17，19，24 s 时实际行人运动图、背景模型的图形显示和行人运行轨迹的比较图，从背景图中可以看出，静态背景为黑色，动态行人前景为白色。实验开始时，初始化背景模型。由于在 $t=17$ s 时［图 3-12（f）］镜头前有人走过并将镜头大部分遮挡，因此前几个时间步的背景模型可以清晰地显示。在 $t=19$ s 时［图 3-12（g）］，遮挡行人离开镜头，由于短时间内没有与此时刻匹配的背景模型，因此背景模型为白色；之后随着背景模型的不断更新，静态背景模型恢复正常。图 3-12（i）～（l）为行人的运行轨迹，与实际的运行情况相符。

图 3-12　实际行人运行、背景模型图形显示、行人运行轨迹图

（a）～（d）为实际行人运动图；（e）～（h）为背景模型的图形显示；
（i）～（l）为行人运行轨迹

3.3　高密度状态下行人视频检测方法的研究

行人的人均空间在 0.37 m² 或人均间隔在 0.6 m 以下时，行人受其他行人影响严重，正常的步行速度和方向受到限制。由于高密度状态下行人之间的遮挡现象比较严重，不能采集到完整的行人轮廓。因此，本节采用基于人头的改进的行人检测方法对高密度状态下的行人进行检测。

对高密度状态下的行人进行检测时，需设置检测框。检测框设置包括两部分的内容：检测框设置和检测线的位置。为了更加真实地检测出人头流量，检测线的宽度 W_L 需要满足以下约束条件。

第一，即使行人以最快的速度行走，也会被检测线检测到两次，即

$$W_L > 2L_S - W_H \tag{3-9}$$

第二，即使行人以最慢的速度行走，也不会被检测线检测到三次，即

$$W_L < 2L_S \tag{3-10}$$

检测框的宽度 W_R 需要满足以下约束条件

$$W_R > W_L + 2W_H \tag{3-11}$$

式中：L_S——行人的步行位移；

W_H——人头宽度。

根据北京工业大学的调查显示，行人的步行速度为 $1 \sim 1.5$ m/s，平均步行速度为 1.2 m/s。本书选用的视频采集速度为 25 帧/秒，每 5 帧提取一次图像进行处理。也就是每提取一次图像，行人的步行位移 L 在 $20 \sim 30$ cm。HCM 中指出，一般人头俯视图视为的圆形。根据约束条件和实际情况，结合以往的研究经验，检测线的宽度 W_L 可以取 $30 \sim 60$ cm，相应的检测框的宽度 W_R 可以取 $100 \sim 130$ cm（图3-13）。

3.3.1 混合颜色模型下的人头区域确定

在计算机视觉中，图像必须用数据表示才能进行处理，颜色空间就是用数据表示颜色的方法。对一种颜色的表示，可有多种数据表示模型，即有多种颜色空间。对人头区域的确定，以往模型都是通过单

图 3-13　检测框和检测线设置示意图

个颜色空间模型进行检测的，李娟通过 RGB 颜色空间模型进行人头区域的划定，然而此模型易受到天气、光照、随身物品等因素变化的影响，会给行人检测增加难度。因此，为了克服以上缺点，本节根据头发颜色在 RGB 和 HSV 颜色空间、脸部颜色在 YUV 颜色空间中的聚类情况，建立了混合颜色模型来进行头部区域检测。

　　RGB 颜色空间是用红色、绿色和蓝色色光以不同的比例相加得到各种颜色的加色模型。它基于笛卡尔坐标系，水平的 x 轴代表红色，y 轴代表蓝色，z 轴代表绿色，将颜色映射到一个立方体上，假定所有颜色值都归一化，用三维坐标 (r, g, b) 表示，并且取值在 $[0, 1]$ 范围内。

　　HSV 颜色空间是根据色彩的色度、饱和度和明亮度三个属性来定义颜色的感觉方式的颜色空间。它基于圆锥体的坐标系，每种颜色用三维坐标 (h, s, v) 表示。在这个圆锥体表示中，点所在半径绕圆锥中心轴的角度表示色度，取值范围为 $0° \sim 360°$；从圆锥体的横截面的圆心到点的距离表示饱和度，取值范围为 [0，1]；从点所在圆的横截面圆心到顶点的距离表示明度，取值范围为 [0，1]。假定 RGB 各分量取值范围在 [0，1]，HSV 颜色空间模型与 RGB 颜色空间模型之间的转换关系如下

$$
\begin{cases}
H = \sec \dfrac{(R-G)+(R-B)}{2\sqrt{(R-G)^2+(R-B)(G-B)}}, & B \leqslant G \\[4mm]
H = 2\pi - \sec \dfrac{(R-G)+(R-B)}{2\sqrt{(R-G)^2+(R-B)(G-B)}}, & B > G \\[4mm]
S = 1 - \dfrac{\min(R,G,B)}{V} \\[4mm]
V = \dfrac{1}{3}(R+G+B)
\end{cases}
\tag{3-12}
$$

YUV 颜色空间中的"Y"表示明亮度（也称亮度信号）；而"U"和"V"表示的则是色度（也称色差信号，其中"U"即 R—Y；"V"即 B—Y），作用是描述影像色彩及饱和度，用于指定像素的颜色。"亮度"是通过 RGB 输入信号来创建的，方法是将 RGB 信号的特定部分叠加到一起。"色度"则定义了颜色的两个方面：色调与饱和度。YUV 与 RGB 之间的转换关系如下（假定 RGB 的取值范围在 [0，255]）

$$
\begin{cases}
Y = 0.299R + 0.587G + 0.114B \\
U = 0.493(B-Y) \\
V = 0.877(R-Y)
\end{cases}
\tag{3-13}
$$

图 3-14 为 RGB 颜色空间模型与本书所建的混合颜色模型在头部区域检测时的图像比较，由于 RGB 颜色空间模型的不直观性和不均匀性，因此只能描述大体的人头区域，对人脸的识别能力较差 [图 3-14（b）]，而本书所建的混合颜色模型不仅能很好地划分人头区域，而且可以对人脸进行相对较好的识别 [图 3-14（c）]。

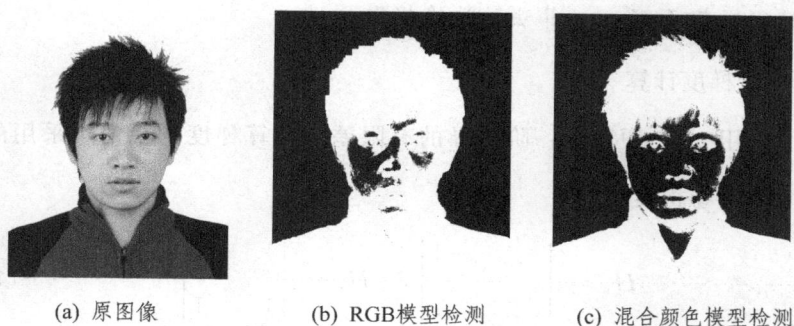

(a) 原图像　　　　　　(b) RGB模型检测　　　　(c) 混合颜色模型检测

图 3-14　RGB 模型与混合颜色模型的检测结果比较

3.3.2　基于 Canny 算法与小波变换的人头轮廓提取

人头区域的确定，需要对人头区域进行边缘检测，提取边缘像素点，可以得到头部轮廓。由于信噪比大、误码率低等优点，Canny算法经常被应用到视频边缘检测中。然而，在视频检测的过程中，由于光源、信号传输的影响，引入噪声是不可避免的，因此低频图像的边缘细节会变得模糊和微弱。此时，传统的 Canny 算法往往难以在抑制噪声的同时保护低强度边缘，因此会在一定程度上影响边缘检测的效果。基于以上分析，本节提出了基于 Canny 算法与小波变换的人头轮廓提取方法，实现对人头轮廓的提取，具体步骤如下。

步骤 1：小波变换。

对源图像进行 L_x 层小波分解，得到源图像的低频及高频子图像。

步骤 2：边缘提取。

在分解的最高层 L_x 层中，用 Canny 算法对低频子图像进行边缘提取，得到边缘图像 E_2；用小波变换法对高频子图像进行边缘提取，得到边缘图像 E_1；对这两个边缘图像进行融合处理，得到 L_x 层的融合边缘图像 EF_L，然后将这个边缘图像向下一层（L_x-1）投影，转入下一步。

（1）基于 Canny 算法的边缘提取

① 梯度计算

采用 2×2 领域内一阶偏导的有限差分计算梯度的幅值。采用的一阶差分卷积模板为

$$H_x = \begin{vmatrix} -1 & -1 \\ 1 & 1 \end{vmatrix}, \quad H_y = \begin{vmatrix} 1 & -1 \\ 1 & -1 \end{vmatrix} \tag{3-14}$$

X 方向在三个通道的偏导数 R_x，G_x，B_x 及组合 P_x 定义如下

$$R_x = [f_R(i,j+1) + f_R(i+1,j+1)] - [f_R(i,j) + f_R(i+1,j)]$$
$$G_x = [f_G(i,j+1) + f_G(i+1,j+1)] - [f_G(i,j) + f_G(i+1,j)] \tag{3-15}$$
$$B_x = [f_B(i,j+1) + f_B(i+1,j+1)] - [f_B(i,j) + f_B(i+1,j)]$$
$$P_x = R_x + G_x + B_x$$

式中：$f_R(i,j)$、$f_G(i,j)$、$f_B(i,j)$ 分别表示三个通道上的像素值。

像素的梯度幅值用二阶范数表示

$$M = M_R + M_G + M_B = \sqrt{R_x^2 + R_y^2} + \sqrt{G_x^2 + G_y^2} + \sqrt{B_x^2 + B_y^2} \tag{3-16}$$

梯度方向

$$q = \arctan(P_y/P_x) \tag{3-17}$$

② 通过寻找梯度的局部最大值确定候选边缘点

仅通过全局的梯度并不能描述边缘，确定候选边缘点还需要依靠局部梯度最大的像素点。通过对梯度的非极大值抑制，比较邻域的中心像素与沿着梯度线的两个像素。如果邻域中心像素的梯度幅值不大于沿梯度线方向的两个相邻点，梯度值替换为 0。

③ 边缘的连接

通过设定阈值将假边缘消除后，连接所有的边缘点，得到人头候选区域的轮廓。

（2）基于小波变换的边缘提取

用 $\theta_{2^j}(x,y)$ 表示高斯平滑函数

$$\theta_{2^j}(x,y) = \frac{1}{4^j}\theta\left(\frac{x}{2^j},\frac{y}{2^j}\right) \tag{3-18}$$

将此平滑函数分别对 x,y 求偏导数，得小波函数

$$\begin{cases} \psi_{2^j}^1(x,y) = \dfrac{\partial\theta(x,y)}{\partial x} = \dfrac{1}{4^j}\psi^1\left(\dfrac{x}{2^j},\dfrac{y}{2^j}\right) \\ \psi_{2^j}^1(x,y) = \dfrac{\partial\theta(x,y)}{\partial y} = \dfrac{1}{4^j}\psi^1\left(\dfrac{x}{2^j},\dfrac{y}{2^j}\right) \end{cases} \tag{3-19}$$

对二维函数进行卷积处理

$$\begin{cases} W_{2^j}^1 f(x,y) = f * \psi_{2^j}^1(x,y) \\ W_{2^j}^2 f(x,y) = f * \psi_{2^j}^2(x,y) \end{cases} \tag{3-20}$$

因此，$W_{2^j}^1 f(x,y)$ 与 $W_{2^j}^2 f(x,y)$ 构成一组二进小波序列，$j \in N$。在尺度 2^j 下，梯度矢量的模为

$$\text{Mod}_{2^j} f(x,y) = \left(\left|W_{2^j}^1 f(x,y)\right|^2 + \left|W_{2^j}^2 f(x,y)\right|^2\right)^{\frac{1}{2}} \tag{3-21}$$

其幅角为

$$\arg_{2^j} f(x,y) = \cot\left[\frac{W_{2^j}^2 f(x,y)}{W_{2^j}^1 f(x,y)}\right] \tag{3-22}$$

沿着梯度方向检测小波变换系数模的局部极大值点即可得到图像的边缘点，连接所有的边缘点，得到人头候选区域的轮廓。

步骤 3：投影图像叠加。

在 $L_x - 1$ 层，重复步骤 2，得到 $L_x - 1$ 层的融合边缘图像 EF_{L-1}，将 EF_{L-1} 与由 EF_L 投影到 $L_x - 1$ 层的投影图像 EF_L^P 相加，如果相加后的像素值不为 0，则认为这个像素是边缘像素，并将这个像素的灰度值置为最大，否则认为该像素为背景像素，将像素灰度值置为 0，由此得到了 $L_x - 1$ 层的融合边缘图像。同样，此边缘图像也被投影到下一层做相似的处理。

步骤 4：边缘轮廓的提取。

重复步骤 3，直到最后一层（源图像）为止，这时即得到了最终的边缘图像。

为了验证本书所提出的基于 Canny 算法与小波变换的人头轮廓提取方法的优越性，本书的方法与采用 Canny 算法的边缘检测方法进行了比较（图 3-15），从图中可以看出本书所建立的方法要比采用Canny 算法的边缘清晰，并且对若干重要的边缘结构（如人脸的轮廓）有了很好的体现，轮廓更加连贯，因此本书所建立的人头轮廓提取方法比单独采用 Canny 算法的边缘检测方法的精度要高。

(a) Canny算法　　　　　　　　(b) 本书所提出的方法

图 3-15　Canny 算法与本书所提出方法的比较

3.3.3　人头的精确定位

本节采用 Hough 变换来得到的目标轮廓中定位人头，Hough 变换实质就是在一个边缘图像中计算同属于一个确定形状的边缘点数，当边缘点数达到了要求，就检测到了形状。Hough 变换进行检测原理是将图像空间中的边缘点转换到参数空间，累加统计参数空间中所有坐标点元素。在图形空间 xy 中，如果边缘点 P（x，y）在以（a，b）为圆心、r 为半径的圆上，则满足

$$(x-a)^2+(y-b)^2=r^2 \tag{3-23}$$

将边缘点 P（x，y）映射成参数空间 abr 的二次曲面

$$a=x-r\cos\theta \quad b=y-r\sin\theta \tag{3-24}$$

其中：$\theta\in[0,2\pi)$。

图 3-16（a）为在图形空间 xy 中，半径为 r 的检测圆，假设点 (x_i,y_i) 是圆上的点，则满足

$$(a-x_i)^2+(b-y_i)^2=r^2 \tag{3-25}$$

那么，在参数空间 ab 中可以画出以 (x_i,y_i) 为圆心、r 为半径的圆。也就是说，在图形空间 xy 中，圆上的一个点对应参数空间 ab 中的一个圆，这个圆就是过点 (x_i,y_i)、半径为 r 的所有可能圆的圆心轨迹，如图 3-16（b）所示的实线圆。把图像空间中圆上的点相应的圆心轨迹都画出来，可以确定参数空间 ab 中每个像素作为圆心轨迹出现的频率，其中出现频率最高的像素所处的位置就是要寻找的圆心位置，如图 3-16（c）所示的交点位置。

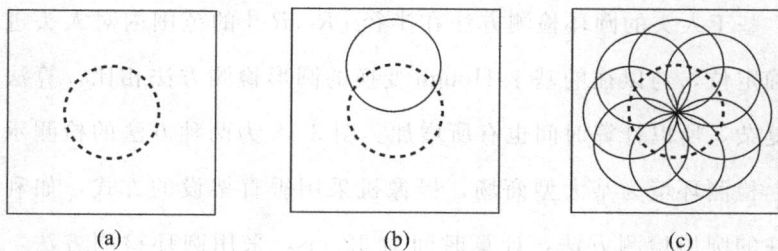

图 3-16　Hough 变换进行圆形检测原理

然而，在实际观测中，行人的人头图像为椭圆 [图 3-17（a）]，而不是理想的圆形，因此，本书建立一个圆环，即圆环的内外圆与椭

圆同心，内圆以椭圆形的短半轴 R_1 为半径，外圆以椭圆的长半轴 R_2 为半径 [图 3-17 （b）]。

(a)   (b)

图 3-17　人体空间

因此，基于 Hough 变换的人头定位算法步骤如下。

步骤 1：根据人头轮廓的外接矩形估算人头的中心位置。

步骤 2：将人头轮廓的外接矩形作为候选区域。

步骤 3：进行 Hough 变换得到精确的中心位置 (a_0, b_0)。

步骤 4：以 (a_0, b_0) 为圆心，半径在 $[R_1, R_2]$ 范围内，进行 Hough 变换。

步骤 5：寻找累计统计值的最大值，得到内圆半径 r_0 及外圆半径 R_0，所得的人头轮廓就在圆环范围内。

基于人头的圆环检测方法在半径 $[R_1, R_2]$ 的范围内对人头进行准确定位，与以往的基于 Hough 变换的圆形检测方法相比，算法变得复杂，所以计算时间也有所增加。图 3-18 为两种方法的检测示意图，检测环境为某大型商场，摄像机采用垂直架设的方式，如利用以往的圆形检测方法，计算时间为 52 ms，采用圆环检测方法，计算时间为 70 ms，虽然计算时间增加了，但该方法却具有较高的定位精度。

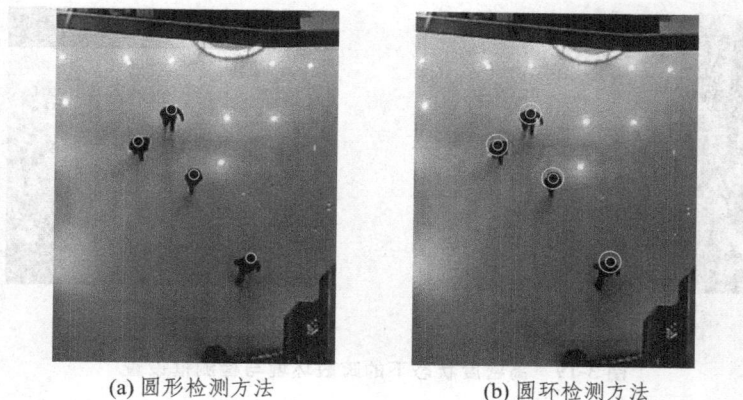

(a) 圆形检测方法　　　　　　　(b) 圆环检测方法

图 3-18　两种检测方法

3.3.4　匹配计数

在人头检测之后，我们需要对人头进行匹配，步骤如下。

步骤 1：输入当前检测框内的有效人头。

步骤 2：判断上次检测结果中的有效人头进行情况。匹配过程是通过判断当前图像和上次提取图像中的匹配信息完成的，每一次检测的时候都会建立一个临时链表，用于存放检测到的人头信息，如果在检测过程中，有人头与上一时刻的人头信息匹配，那么总人数 $N_总$ 不变；若不匹配，则为 $N_总 + 1$。

步骤 3：根据视频情况，逐帧检测，直到视频结束为止。

3.3.5　实验分析

本节采用实际交通视频对高密度状态下的行人检测方法进行验证。视频采集地点为 2011 年 11 月 5 日北京国际长走大会活动现场（图 3-19），检测时间为 5 min，检测线长度为 7 m，宽度为 0.3 m；检测框长度为 7 m，宽度为 0.8 m。分别提取每一分钟的检测数据进行分析，见表 3-1。

(a)　　　　　　　　　　　　(b)

图 3-19　高密度状态下的疏散环境与检测框设置

表 3-1　行人流量检测结果统计

统计时间	实际行人数量	本书的检测方法		RGB 模型的检测方法	
		检测行人数量	正确率/%	检测行人数量	正确率/%
开始—$T=1$	422	347	82.33	327	77.47
$T=1$—$T=2$	430	350	81.44	323	75.13
$T=2$—$T=3$	413	345	83.56	298	72.11
$T=3$—$T=4$	407	325	79.96	315	77.40
$T=4$—$T=5$	416	334	80.19	301	74.46

从表 3-1 中可以看出，使用本书的检测方法，人数统计的正确率在 80% 左右，而使用 RGB 模型检测方法的正确率一般不到 80%，也就是说本书所建立的高密度状态下的行人视频检测方法具有一定的优越性。而检测失误的主要原因是由于场地和环境的限制，视频观测的高度不够，并不能很好地提取人头的基本特征，某些行人还出现了相互遮挡的情况，致使检测的正确率下降。另外，某些行人并不是按照

指定方向行走的，而是在进入检测框后，逃离了检测区域（跳到上一级台阶），这也会影响行人的检测结果。除此之外，由于某些行人的背包、气球等类似于椭圆形状的物体时，就会被错误地判断为人头，导致一定的误检率。但总体来讲，检测结果良好。

3.4　本章小结

本章研究了低、高密度状态下行人视频的检测方法。在低密度状态下提出了基于行人运动的检测方法：从改进权值参数和控制方差两个方面对传统的高斯模型进行了改进，有效地减少了由于交通冲突使得运动前景融入背景模型的可能；建立了基于 Kalman 滤波和 Mean－Shift 算法的目标跟踪方法，改进了多个运动目标相互合并或分离时的处理方法；通过 BP 神经网络对运动个体进行分类，进而得到行人的运动信息。在高密度状态下提出了基于人头的改进的行人检测方法：提出了基于头发颜色在 RGB 和 HSV 颜色空间、脸部颜色在 YUV 颜色空间的混合颜色模型进行头部区域检测；建立了基于 Canny 算法与小波变换的人头轮廓提取方法，实现对人头轮廓的提取；根据 Hough 变换提出了基于人头图像的圆环检测方法，对人头进行精确定位并统计行人流量。最后，通过实际的实验分析，验证了本章所提出的低、高密度状态下行人视频的检测方法的有效性和先进性。

4 正常情况下的人群疏散模型

　　行人在不同环境下，其本身的交通行为也不同：在商场、商业步行街购物时，行人倾向于毫无目的地闲逛；在紧急疏散的情况下，行人急于移动到安全的环境中去。因此在不同环境下，行人所考虑的动态因素也不同。然而在现有的成果当中，大部分研究往往是将一种模型运用到不同的交通环境中，希望以一种模型去模拟不同疏散环境中的行为特征，本书认为这是不合理的。因此，本书从正常情况下的人群疏散和紧急情况下的人群疏散两个方面进行分析，进而研究人群在不同疏散环境下的疏散机理。

　　另外，出口附近的行人密度也是影响行人运动轨迹的主要因素，虽然在以往的研究中已有学者对此进行了分析，但是对出口附近行人密度区域的划分，却没有一个合理的定义。因此，本章在岳昊所建立的行人动态参数模型的基础上引入了感知参数，用以描述出口附近的行人密度对疏散行人出口选择行为的影响，从而决定行人的移动、等待行为。本章建立了正常情况下的人群疏散模型，即没有考虑行人之间的摩擦、焦急等因素对行人疏散情况的影响，分别从无阻碍和有阻碍两种情况下进行阐述。

4.1　无障碍情况下人群疏散模型

4.1.1　模型建立

模型建立在一个空间大小为 $(W+2)\times(W+2)$ 的离散的二维元胞网络空间内，即把人群的移动空间分成离散的 $W\times W$ 个元胞，系统的边缘元胞为疏散空间的墙体，安全出口位于墙体上，每个元胞只能容纳一个行人并且每个行人只能占据一个元胞。因此，元胞的位置或者是空的，或者是仅仅被一个行人占据，这样在行人与被占据的元胞位置之间建立起一一对应的关系（图 4-1）。模型引入了三个动态参数——方向参数（Direction‒parameter）、空格参数（Empty‒parameter）、感知参数（Cognition‒parameter）来描述单个行人对自身周边交通条件的判断和认知情况，并且模拟无阻碍情况下的行人疏散过程，本书建立了基于元胞自动机的行人动态参数模型。

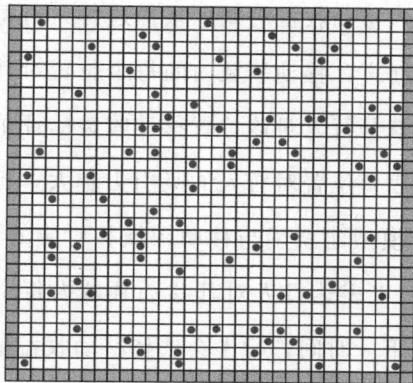

图 4-1　人群疏散模型

与此同时，疏散时间也被离散化为等同的时间步长。在每个时间步长内，行人或等待，或以最大速度 V_{max}（$V_{max}=1$ 元胞/步）向自己周围的八个方向移动，这种移动行为与在现实中观察到的行人移动行为相一致。在模型中，把行人在一个时间步长内所有可能选择的位置定义为行人的移动领域。行人的移动领域为 3×3 的元胞区域，即采用 Moore 型邻居，移动领域的中心位置被行人占据（图 4-2）。

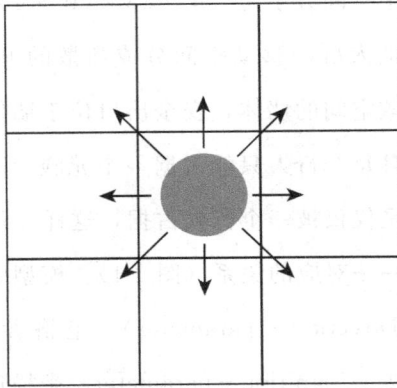

图 4-2　行人移动领域

行人在移动的过程中会不停地对自己每一个不同的位置选择进行利弊权衡，模型引入移动收益的概念来描述行人对每个移动步伐的评价。对于某个行人而言，移动领域内的每个位置对其都有一定的吸引力，这个吸引程度就是行人对该位置移动收益的评价。某位置的移动收益值越大，则代表该位置对行人的吸引力越大，行人移动到该位置的可能性就越大。模型建立了与移动领域相对应的 3×3 移动收益矩阵 $\boldsymbol{P}=(\boldsymbol{P}_{ij})$，用它来表达行人对其移动领域内每个位置的移动收益评价（图 4-3）。在下一时间，行人会选择移动收益最大的位置作为自己下一时间的位置。

$P_{-1,-1}$	$P_{-1,0}$	$P_{-1,1}$
$P_{0,-1}$	$P_{0,-0}$	$P_{0,1}$
$P_{1,-1}$	$P_{1,0}$	$P_{1,1}$

图 4-3　行人的移动收益矩阵

基于行人选择和位置吸引，模型引入了三个动态参数从三个不同的角度描述移动领域内的不同位置对行人的吸引程度：方向参数（Direction - parameter）表达下一步可选择位置距行人目标位置的接近程度；空格参数（Empty - parameter）反映下一步可选择位置是否被别的行人占据；感知参数（Cognition - parameter）表达行人对周围交通情况的感知程度。模型假设系统内的每个行人在移动决策之前，都会判断和评价每个可能位置的不同动态参数值，通过对动态参数值求和得到移动领域内相应位置的移动收益。

（1）方向参数（Direction - parameter）

行人疏散的最终目标是通过安全出口离开疏散空间，因此行人的移动方向指向安全出口方向，行人在选择下一时间的位置时应考虑尽量靠近安全出口。从方向参数的角度分析，在时间步长内行人移动一个步伐所获得的移动收益即表示行人所选的目标位置与安全出口距离的接近程度。在进行方向参数计算时，采用静态领域值（Static Floor Field）来表示疏散空间内不同的元胞位置对行人的吸引程度。在疏散空间内，元胞所在的位置距安全出口越近，那么它对行人的吸引力就越强，行人进入该元胞位置的概率就越大。本书采用基于欧氏距离的静态领域参数值（图 4-4），计算公式如下。

$$S_{xy} = \begin{cases} \min\limits_{m}\{\min\limits_{n}[\sqrt{(x-x_n^m)^2+(y-y_n^m)^2}]\} \\ 元胞(x,y)为空格 \\ M_e \quad 元胞(x,y)为障碍物或者墙 \end{cases} \quad (4-1)$$

式中：S_{xy}——元胞(x,y)的静态领域参数值；

(x,y)——元胞在疏散房间中的坐标；

(x_n^m,y_n^m)——第m个门内第n个元胞在疏散房间中的坐标；

M_e——为一个很大的正数，说明障碍物对行人几乎没有吸

引力。

500	500	500	500	500	500	500	0	500	500	500	500	500	500	500
500	6.08	5.1	4.12	3.16	2.24	1.41	1	1.41	2.24	3.16	4.12	5.1	6.08	500
500	5.1	5.39	4.47	3.61	2.83	2.24	2	2.24	2.83	3.61	4.47	5.39	5.1	500
500	4.12	4.47	5	4.24	3.61	3.16	3	3.16	3.61	4.24	5	4.47	4.12	500
500	3.16	3.61	4.24	5	4.47	4.12	4	4.12	4.47	5	4.24	3.61	3.16	500
500	2.24	2.83	3.61	4.47	5.39	5.1	5	5.1	5.39	4.47	3.61	2.83	2.24	500
500	1.41	2.24	3.16	4.12	5.1	6.08	6	6.08	5.1	4.12	3.16	2.24	1.41	500
0	1	2	3	4	5	6	7	6	5	4	3	2	1	0
500	1.41	2.24	3.16	4.12	5.1	6.08	6	6.08	5.1	4.12	3.16	2.24	1.41	500
500	2.24	2.83	3.61	4.47	5.39	5.1	5	5.1	5.39	4.47	3.61	2.83	2.24	500
500	3.16	3.61	4.24	5	4.47	4.12	4	4.12	4.47	5	4.24	3.61	3.16	500
500	4.12	4.47	5	4.24	3.61	3.16	3	3.16	3.61	4.24	5	4.47	4.12	500
500	5.1	5.39	4.47	3.61	2.83	2.24	2	2.24	2.83	3.61	4.47	5.39	5.1	500
500	6.08	5.1	4.12	3.16	2.24	1.41	1	1.41	2.24	3.16	4.12	5.1	6.08	500

图4-4　基于欧氏距离的静态领域参数值

在疏散空间内，每个元胞位置都有与其对应的静态领域参数值，表明该位置距最近的安全出口的最短距离。因此，行人每移动一个步长，相应的静态领域值都会发生改变，为了描述行人在下一步选择时静态领域值的改变情况，本书引进了方向参数

$$D_{ij} = \frac{S_{00}-S_{ij}}{\sqrt{i^2+j^2}}$$

$$(4-2)$$

（其中：$i^2+j^2 \neq 0$；$i=-1,0,1$；$j=-1,0,1$）

式中：D_{ij} ——方向参数；

S_{00} ——移动领域中心位置的静态领域参数值；

S_{ij} ——行人移动领域内的静态领域参数值。

当方向参数值为正值时，说明行人选择该位置时将会接近安全出口；当方向参数值为负值时，说明行人选择该位置时将会远离安全出口；当方向参数值为 0 时，说明行人选择该位置时既不会远离也不会接近安全出口。在移动领域内，行人可能停留在原处，也可能选择周围的八个方向进行移动，如果行人向前、后、左、右四个方向移动时（以上行行人为例），由于在单个时间步长内中心位置的元胞与可选位置的元胞距离相差一个元胞空间，所以方向参数为两个静态领域值的差；而如果行人的移动方向为左上、右上、左下、右下，即对角线方向时，方向参数为两个静态领域值的差除以 $\sqrt{2}$，这是因为模型中假设行人每一步只能移动一个元胞，而此时对角线方向的元胞与中心元胞的距离长度为 $\sqrt{2}$ 倍的元胞长度（图 4-5），即行人如果要移动到对角线位置的元胞时，需要 $\sqrt{2}$ 倍的时间步长来获得一个单位的收益，而方向参数是描述单位步伐内获得的收益。

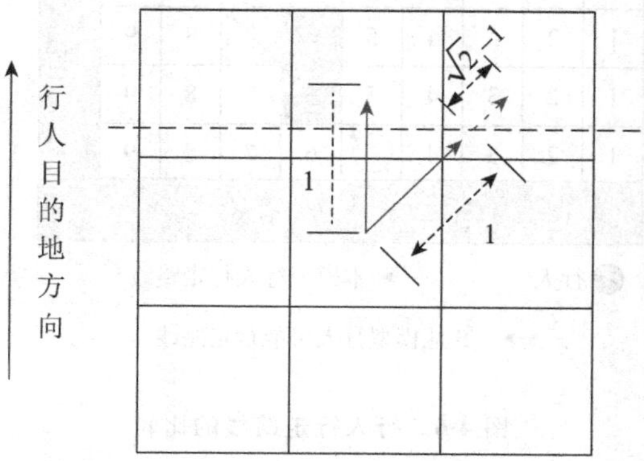

图 4-5　方向参数值的计算

这种定义比以往的模型具有很明显的优越性，例如：A. Varas 等提出了简化的 F - F（Floor Field）模型，假设某个元胞的静态领域值为 M_{ij}，该元胞垂直方向以及水平方向元胞的静态领域值均为 $M_{ij} + 1$，对角线方向的静态领域值为 $M_{ij} + 3/2$，虽然该方法在计算静态领域值时比较方便，但是容易产生累积误差，尤其是在出口比较多和存在过多障碍物的情况下，可能会影响疏散的仿真效果。杨立中等提出了危险度的概念，认为距离安全出口越近的行人危险度就越小，相对而言，距离安全出口越远的行人危险度就越大，行人往往会向危险度最小的元胞接近。但是如果安全出口宽度较大时（如安全通道），行人前方的三个元胞具有相同的静态领域值，此时行人将会以相同的概率随机选择一个位置作为下一时间的目标，这样很有可能导致行人的运行轨迹为弯曲的折线（图 4-6），而不是实际过程中大家所公认的直线，这与实际环境中行人的移动情况是不相符的。

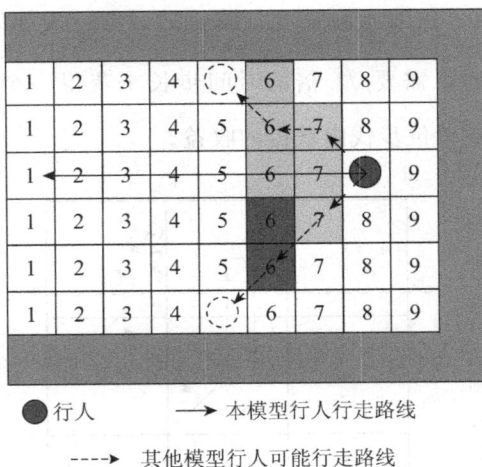

图 4-6　行人行走路线的比较

（2）空格参数（Empty-parameter）

空格参数反映下一步可选择位置是否被别的行人占据。在选择下一时间步位置时，行人更倾向于选择一个空闲元胞作为自己下一步移动的目标。如果行人在下一时间步选择一个空闲元胞作为自己的目标位置，此时空格参数为 1，即以最大限度吸引行人移动到该位置；如果行人在下一时间步选择一个被占据的元胞作为自己的目标位置，此时空格参数为 -1，即以最大限度排斥行人移动到该位置；如果行人选择原地等待，此时空格参数为 0，即行人既没有被吸引也没有被排斥。综上所述，空格参数矩阵元素的值为

$$
E_{ij} = \begin{cases} 1 & \text{空闲元胞位置} \\ 0 & \text{中心元胞位置} \\ -1 & \text{被其他行人占据的元胞位置} \end{cases} \tag{4-3}
$$

（3）感知参数（Cognition-parameter）

在现实生活中行人会根据动态环境不断寻找最优路径，进而希望尽可能快地离开疏散空间。因此在对周围环境熟悉、视线也不受影响的情况下，行人将会以最小的疏散时间离开疏散空间。但对于最小的疏散时间而言，岳昊只考虑了行人所在位置与安全出口的最小距离，并认为当行人速度恒定的情况下，行人的最小距离就是最短的疏散时间，并没有考虑拥堵状态下安全出口的排队情况对行人疏散策略和疏散时间的影响，这是不合理并且不符合实际的。

Yuan 等和 Yu 等虽然都提出了拥挤密度对行人路径的影响，然而对拥堵区域并没有给出明确的定义。Yuan 等认为对于出口拥堵区域而言，出口附近的行人密度是指在该出口附近的一个固定区域内的行人数量，这个固定区域被定义为 EA（Effect Area），EA 没有固定的形状和大小，可人为地定义（图 4-7），并且该区域是静态的，一旦确

定下来，就不会改变。但本书认为出口密度区域的合理划定，对行人疏散策略及模型的标定是至关重要的，不仅可以减少疏散时间，而且可以提高疏散效率。由于行人会根据周围动态的环境，选择最符合自身的疏散路线，因此，本书认为该区域不应该是固定不变的，而是随着疏散人流的移动发生实时的改变。

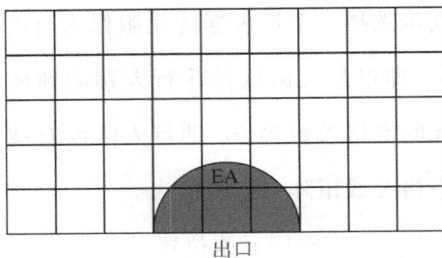

图 4-7　EA 的定义

Alizadeh 虽然考虑了拥堵状态下行人的移动，但只是从改变疏散空间内的静态领域值入手，并且只是改变初始值，并不是随着时间的改变而动态变化，这可能就存在行人在某几个门之间往返的"摆动"的现象，同时也可能存在"Z"字形行走的情况。

众所周知，行人是个智能体，对周围的动态环境有感知效应，对于某个行人而言，在选择下一步移动位置的时候，除了要考虑最短距离以外，而且要考虑周围环境的影响。一般情况下，某个出口的行人密度越小，对行人的吸引力就越大；某个出口的宽度越大，对行人的吸引力也就越大。在本书中，假定行人对周围环境熟知，并能根据实时的动态信息选择最短的疏散时间，这就需要行人对最短疏散路径和出口行人密度进行耦合和感知，保证行人以最短的时间离开疏散空间。因此，本书引进了感知参数，主要是考虑出口附近的行人密度及出口宽度对疏散时间和疏散路径的影响。定义感知参数的矩阵如下

$$C_{ij} = \max_m \left[\max_n \left(\frac{d_m \cdot K_{\text{in}}^t}{d_L \cdot K_m^t} \right) \right] = \max_m \left(\max_n \left(\frac{d_m \cdot \dfrac{p_{\text{in}}^t}{S_{\text{in}}^t}}{d_L \cdot \dfrac{p_m^t}{S_m^t}} \right) \right) \quad (4\text{-}4)$$

式中：d_m——第 m 个门的宽度；

$\qquad d_L$——所有门的宽度总和；

$\qquad K_m^t$——拟选位置 t 时刻第 m 个门附近的行人密度；

$\qquad K_{\text{in}}^t$——拟选位置 t 时刻所有门附近的行人密度之和；

$\qquad p_m^t$——拟选位置 t 时刻第 m 个门附近的行人数量；

$\qquad p_{\text{in}}^t$——拟选位置 t 时刻所有门疏散空间内行人的数量；

$\qquad S_m^t$——拟选位置 t 时刻第 m 个门的疏散面积；

$\qquad S_{\text{in}}^t$——拟选位置 t 时刻所有门的疏散空间面积之和。

从公式（4-4）中可以看出，当第 m 个门的出口宽度较大或出口附近的行人密度较小时，目标元胞的感知参数就越大，该元胞被选择的概率就越大，这与实际情况相符。式中，S_m^t 定义为以第 m 个门内第 n 个元胞为圆心，以拟选元胞与第 m 个门的欧氏距离 R_{xy}^m 为半径所形成的半圆，结合墙体所组成的图形的面积。

$$R_{xy}^m = \min_n \left[\sqrt{(x - x_n^m)^2 + (y - y_n^m)^2} \right] \quad (4\text{-}5)$$

在此区域内行人的数量为 p_m^t，但有时这些区域的形状是不规则的，尤其是在出口很多并且目标元胞距离某个出口较远时，图形可能是由多边形与扇形所做成，计算较为困难。因此，本书统计到出口的最短距离小于此半径的元胞个数，并把这些元胞的面积相加，近似得到第 m 个门的疏散面积，进而求出该门口的疏散面积（图 4-8）。

基于以上分析，定义移动收益模型为

$$P_{ij} = k_D \cdot D_{ij} + k_E \cdot E_{ij} + k_C \cdot C_{ij} \quad (4\text{-}6)$$

其中：k_D、k_E、k_C 分别为与方向参数、空格参数、感知参数相对应的

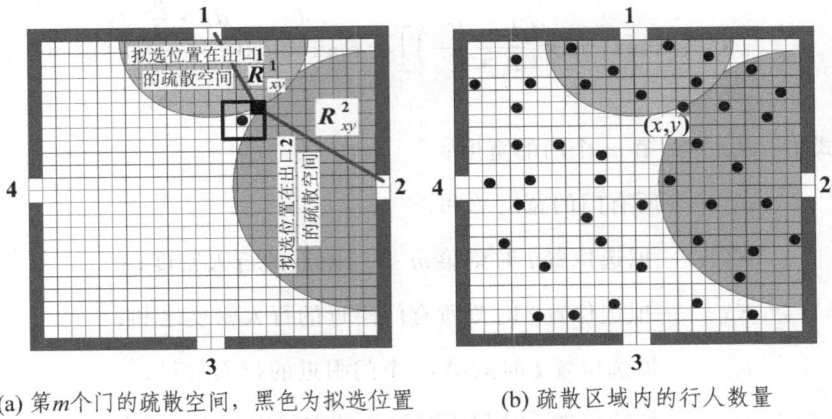

(a) 第m个门的疏散空间，黑色为拟选位置   (b) 疏散区域内的行人数量

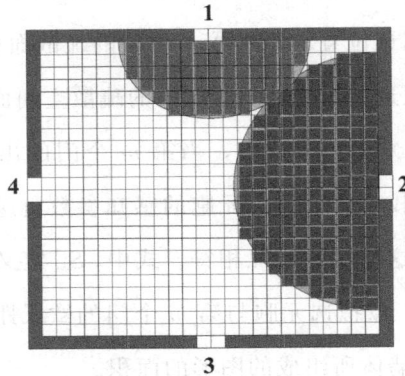

(c) 疏散面积近似计算

图 4-8　感知参数

权重系数，且 $k_D + k_E + k_C = 1$。其中 $k_E \geqslant k_D + k_C$，这是因为模型中假设一个元胞只能存在一个行人，如果一旦目标元胞被其他行人占据，即使方向参数和感知参数所获的收益很大，那么行人也不会进入该元胞。在每个时间步内，行人会根据其移动领域内每个位置的移动收益来判断下一步的运动方向和目标元胞。

4.1.2　演化规则

模型采用并行更新机制（Parallel Update Rule），在模型的演化过程中，每个行人都必须遵守以下的演化规则。

第一，在每个时间步长内，行人或等待，或以1元胞/步的速度向自己周围的八个方向移动（图4-2）。

第二，行人移动领域内的每个位置都有自己的移动收益值（图4-3）。其中，移动收益值的大小为方向参数、空格参数和感知参数的加权之和（公式4-6）。

第三，在进行下一步的位置选择时，行人会选择移动领域内移动收益最大的位置 $P_M[P_M = \max(P_{ij})]$ 作为自己下一时间步的位置。

第四，疏散行人在进行下一步的位置选择时，如果移动领域内存在多个拥有移动收益最大值的元胞位置，行人将根据备选的目标元胞与安全出口的距离值确定各个元胞的选择概率。本书采用如下的公式计算这一选择概率

$$U_j = \frac{1 - \dfrac{R_{xyj}^m}{\sum\limits_{j=1}^{n_y} R_{xyj}^m}}{n_y - 1} \tag{4-7}$$

式中：U_j——第 j 个拥有最大移动效益值的元胞被行人所选择的概率；

R_{xyj}^m——第 j 个元胞与第 m 个门的距离值；

n_y——具有相同最大移动效益的元胞个数。

根据上式可知，当多个备选元胞拥有相同的最大移动收益时，行人更加倾向于选择离出口位置比较近的元胞，即以比较大的概率进入该元胞（图4-9）。这是因为行人最终目的是以最短的时间离开疏散空间，因此在选择下一步元胞位置时，行人会根据距安全出口的距离和出口附近的行人密度来进行综合的考虑；而当行人拥有多个备选目标时，行人无论选择哪个元胞都具有相同的收

益，而此时行人往往会选择离出口较近的那个元胞位置，这样行人可以以最短行走路径离开疏散空间。

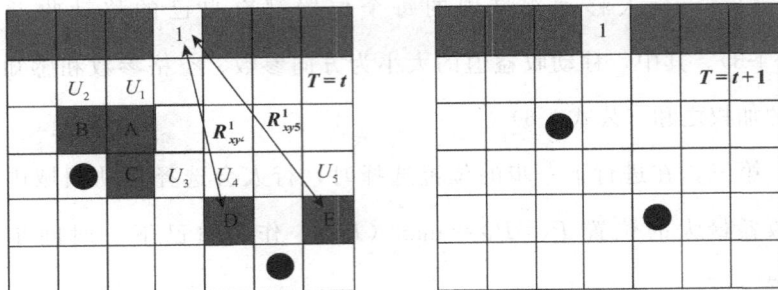

图4-9   拥有多个移动收益最大值时行人的可能移动情况

第五，在模型演化过程中，由于存在多个行人同时竞争一个空闲元胞的情况，而且一个元胞仅能容纳一个行人，因此行人之间会存在位置冲突的问题。当行人之间存在位置冲突时，系统将会根据各个行人与目标元胞之间的距离来进行概率选择。本书采用如下公式计算此概率

$$Q_i = \frac{1 - \dfrac{\Delta d_i}{\displaystyle\sum_{i=1}^{n_r} \Delta d_i}}{n_r - 1} \tag{4-8}$$

式中：Q_i——第 i 个行人被选择的概率；

Δd_i——第 i 个行人与目标元胞的距离值；

n_r——期望进入该目标元胞的行人的个数。

从上式中可以看出，当多个行人同时竞争一个空闲元胞时，更加倾向于让距离元胞位置较近的那个行人进入该元胞，即直行的行人进入该元胞的概率要大于对角线方向的行人（图4-10）。这是因为直行的行人可以用一个单位的步长完成元胞位置的转移，而对角线方向上的行人需要 $\sqrt{2}$ 倍的步长完成此移动，因此在发生冲突时，直行的行人进入该元胞的概率相对较大，这也与实际情况相符。

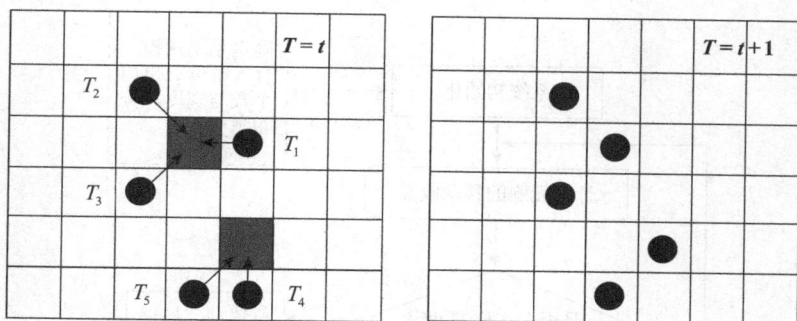

图 4-10　当多个行人发生移动冲突时行人的可能移动情况

第六，当疏散空间内的行人移动到安全出口时，在下一时间步行人将离开疏散空间。

第七，当疏散空间内的所有行人都离开系统后，仿真过程结束。

模型演化的流程如图 4-11 所示。在模型中，行人密度 K 定义为系统内的行人数量 N 与行人活动区间的元胞数量 $W \times W$ 的比例；行人疏散时间 T 定义为系统内所有疏散行人离开房间时所需要的时间。

4.1.3　模型模拟分析

为了显示上一节所建模型的优点，在特定分布下将其与岳昊所建立的模型进行比较。对于某些特定分布而言，如图 4-12 所示，该疏散空间有两个出口 A 和 B，$W=30$，196 人致密分布在出口 A 的附近，仿真过程按照上述规则进行。通过图 4-13 可以看到，由于感知参数的引进，出口附近的人群密度成为影响行人路径的主要因素之一，人们在进行路径选择的时候，除了考虑最短路径以外，还要兼顾拥堵情况。这不仅使行人的疏散时间有了很大的改善（原模型的疏散时间为 218 s，新模型的疏散时间为 140 s），而且疏散行为更加符合实际。从图 4-14 可以看出，虽然大部分行人距离出口 A 较近，但随着仿真的进行，由于拥堵的产生，一部分人开始选择出口 B 进行疏散，这与实际情况较为吻合。

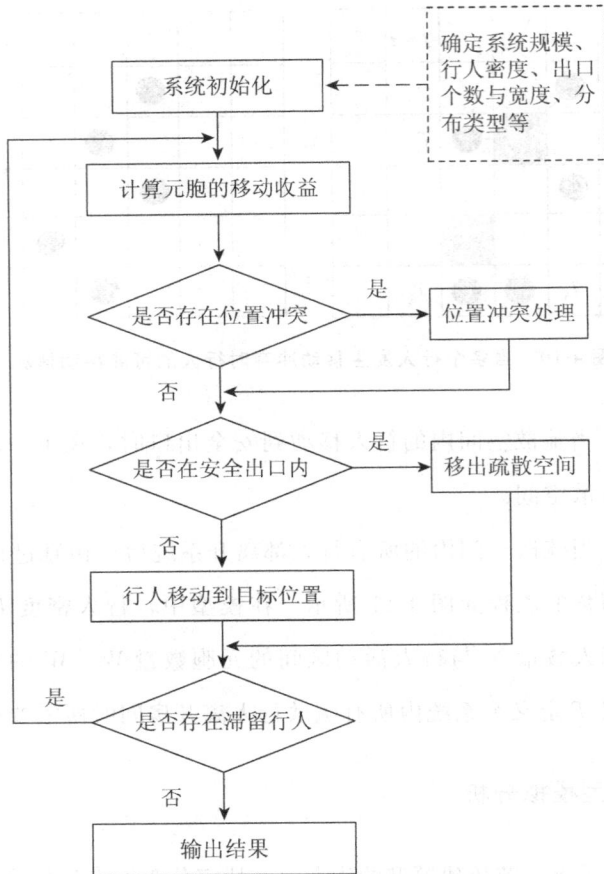

图 4-11　行人疏散模型演化的流程图

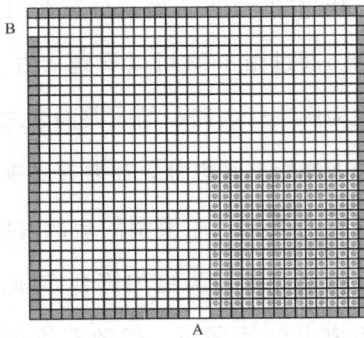

图 4-12　$W = 30$ 的疏散空间特定分布

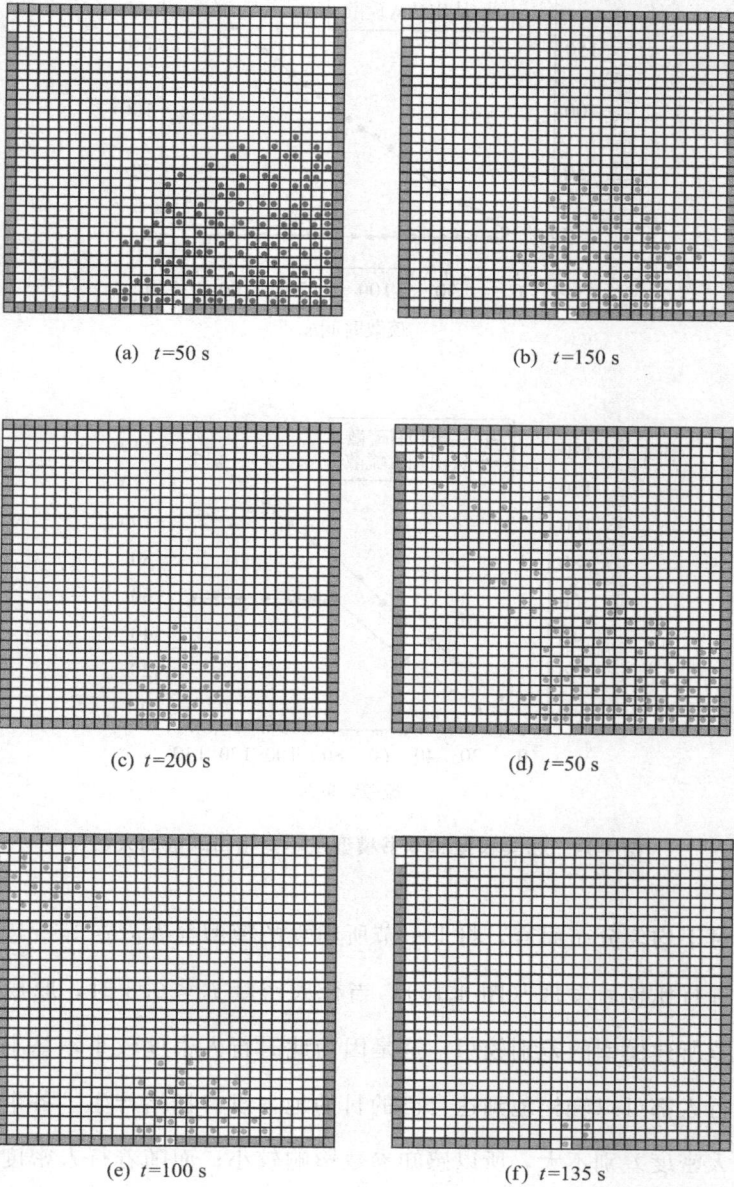

(a) $t=50$ s

(b) $t=150$ s

(c) $t=200$ s

(d) $t=50$ s

(e) $t=100$ s

(f) $t=135$ s

图 4-13 岳昊模型和本书模型疏散过程比较

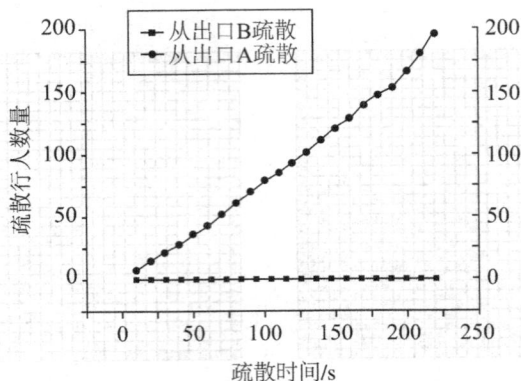

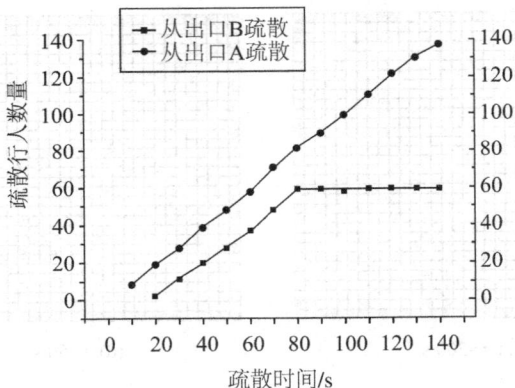

图 4-14 岳昊模型和本书模型从不同出口疏散的人数

对于均匀分布而言，将上一节所建立的模型与 Varas 等所建立的模型进行比较后发现（图 4-15），当行人密度 $K < 0.3$ 时，原模型与前一节所建模型的差别较小，这是因为此时行人密度较小，基本上所有的行人都可以轻松地到达自己的目的地，没有拥堵产生，各个门前的行人密度差别不大，所以感知参数影响较小；而随着行人密度的不断增大，当 $K \geqslant 0.3$ 时，行人之间的相互作用逐渐增多，有时不能按照自己的意愿到达目标元胞，所以产生了拥堵，而此时，行人在选择疏散路径时，往往倾向于选择行人密度较小的出口，随着行人密度 K

的不断增加，这种现象就越加明显，因此两个模型之间的疏散时间差距越来越大。

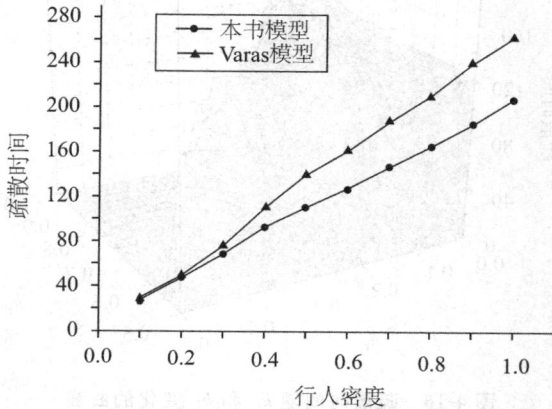

图 4-15　本书模型与 Varas 模型的比较

$$W=20；L=1$$

通过对不同行人分布及不同模型的比较可以看出，感知参数的引进，不仅使得行人的疏散时间减少，而且疏散过程更加符合实际。另外，与疏散时间对应的权重系数 k_C，不同的取值会对疏散时间有很大的影响，因为 $k_D+k_E+k_C=1$，且 $k_E \geqslant k_D+k_C$，一旦 k_E 的值已知，那么 k_D+k_C 的值也相应地确定下来，因此，前一节考虑了不同的权重系数对疏散时间的影响。如图 4-16 所示，当 k_E 为确定值时，例如 $k_E=0.5$，当 $k_C<0.15$ 时，疏散时间随着 k_C 的增加而不断减小，这是因为随着 k_C 的增加，感知参数在移动收益中的比重逐渐变大，行人在考虑最短路径的同时，也把出口的行人密度作为参考的标准。由于感知参数的引进，安全出口附近的行人拥堵情况也成为行人疏散路径选择的重要因素，在同等情况下，行人更加倾向于选择出口附近行人密度较小的安全出口作为移动的目标，然而此时目标元胞与安全出口的距离仍为控制移动收益的主要参数，即方向参数此时仍占有很重要的位置，尤其是当 $k_C=0$ 时，移动收益由

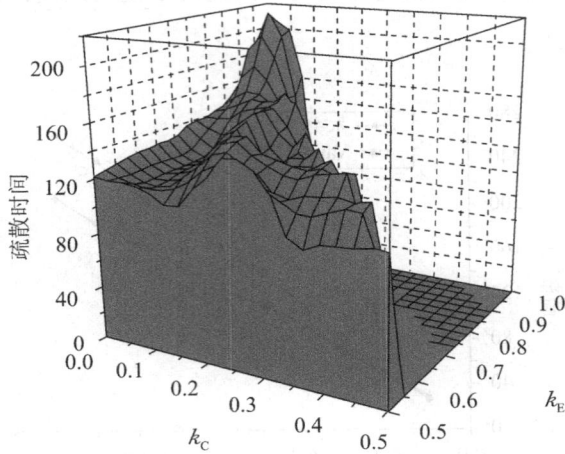

图 4-16   疏散时间随 k_C 和 k_E 变化的曲线

$W=20$；$L=1$；$K=0.5$

方向参数和空格参数决定，此时的模型与岳昊所建立的模型相同。当 $0.15 \leqslant k_C \leqslant 0.3$ 时，一些行人开始变得犹豫不决，在多个安全出口之间徘徊，从计算机模拟和实际的实验观测过程发现，有部分行人会由于安全出口附近的拥堵不停地转换出口，出现"摆钟"现象，因此总的疏散时间会变长。当 $k_C > 0.3$ 时，安全出口附近的行人密度成了控制出口选择的主要因素，行人对出口的选择变得更加理性，会通过最短距离和出口行人密度来进行权衡，根据动态的行人信息来进行疏散。当 $k_C = 0.35$ 时，疏散时间达到最小值，自此之后，疏散时间逐渐增加，特别是当 $k_C = 0.5$ 时，移动收益主要由空格参数和感知参数所决定，此时行人选择下一步移动目标时，主要考虑各个出口的行人密度情况和邻域内的元胞被占据情况。与此同时，随着 k_E 的逐渐增加，疏散时间曲线与 $k_E = 0.5$ 时类似，但最小的疏散时间会随之增长。当 $k_E = 1$ 时，移动收益主要由空格参数决定，换句话说，此时行人在选择出口时只考虑周围邻域内的空格元胞，对疏散空间的整体情况并不知情，只是盲目地前行，因此疏散时间必然增加。

基于以上分析，为了选择比较合理的参数，使得模拟过程与实际疏散过程尽量相符，本节进行了一系列的现场实验。实验环境选取某大学的体育馆（图 4-17），划定 20 m×20 m 的正方形区域为实验区域，两个安全出口分别位于实验区域的东侧和南侧，宽度为 1 m，行人随机分布在该区域，行人的步行速度为 1 m/s。模型建立一个 22×22 的元胞网格离散系统，将行人的移动空间分割为离散的 20×20 个元胞空格，元胞大小为 1 m×1 m，最外侧的元胞设置为墙体，在墙上保留 2 个长度的元胞作为安全出口，这样模型就与实验有了对应关系。图 4-18 分析了实验结果和仿真模拟结果的差值与行人密度之间的关系，发现当 $K_D=0.15$，$K_E=0.5$，$K_C=0.35$ 时，曲线波动较小并且与实际实验结果相差不大，可以较好地模拟疏散过程。

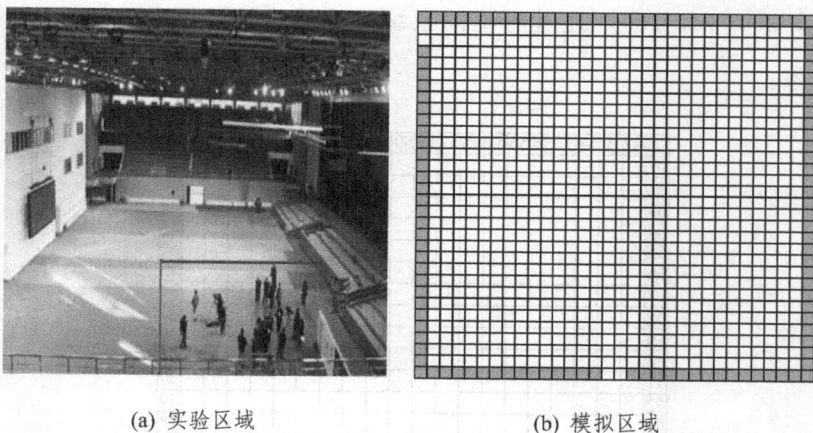

(a) 实验区域　　　　　　　　(b) 模拟区域

图 4-17　体育馆内的疏散实验

为了寻找最佳出口布局，以系统规模 $W=20$ 为例，对周围墙体的元胞进行了数字标定，作为门的可选位置，实际情况也同时被考虑进来（对角线位置不设置门，如图 4-19 所示）。图 4-20 显示，随

图4-18 实验结果与仿真模拟结果的差值比较

$$W = 20, \quad L = 1$$

着数字值的增大，疏散时间呈双"W"形波动，最小的疏散时间往往出现在墙体的中心位置（以 $W = 20$ 为例，最小疏散时间出现在 10，30，50，70），通过对不同系统规模的模拟，也发现了同样的现象。

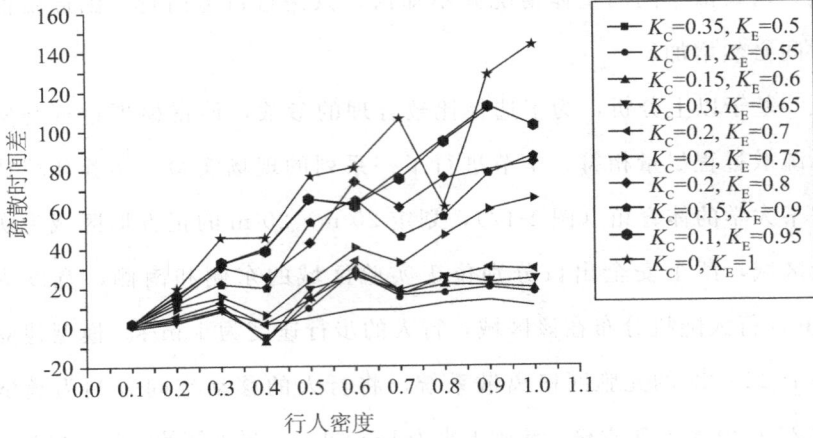

图4-19 出口的可选位置

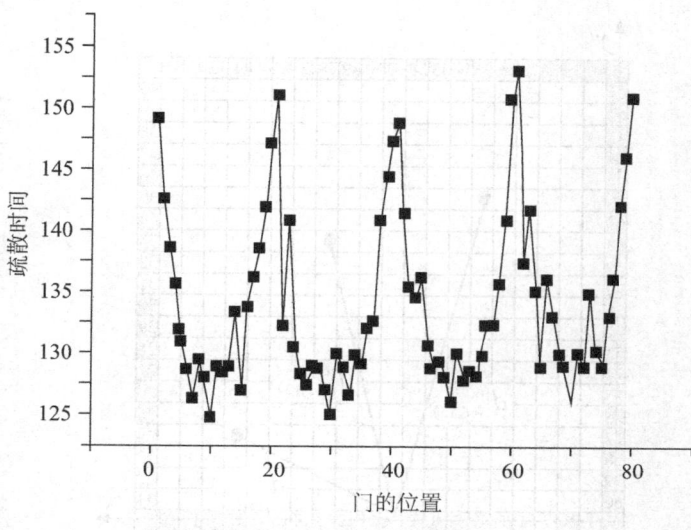

图 4-20 对应不同出口位置时的疏散时间

$W=20$；$L=1$；$K=0.3$

　　为了解释这一现象，以图 4-19 为基础建立直角坐标系（图4-21），假设行人密度为定值，如果只设置一个安全出口，感知参数对疏散时间几乎没有影响，行人集聚在安全出口附近，行人的平均行进速度较小，由于疏散时间是指系统内所有行人离开房间时所需的时间，此时行人疏散时间的大小往往依赖于行人所在的位置与出口之间的距离。图中 $d^t_{(i',j')}$ 表示行人所在元胞位置 (i',j') 与备选安全出口位置 x' 之间的距离。也就是说，行人流最小的疏散时间往往就意味着行人流最短的疏散距离，而对于同一行人分布而言，在备选安全出口位置当中，墙体的中心位置使得行人流的疏散距离最短，因此最小疏散时间往往出现在此处。基于此，本节分别考虑了单门和多门情况下安全出口的最优配置和布局。

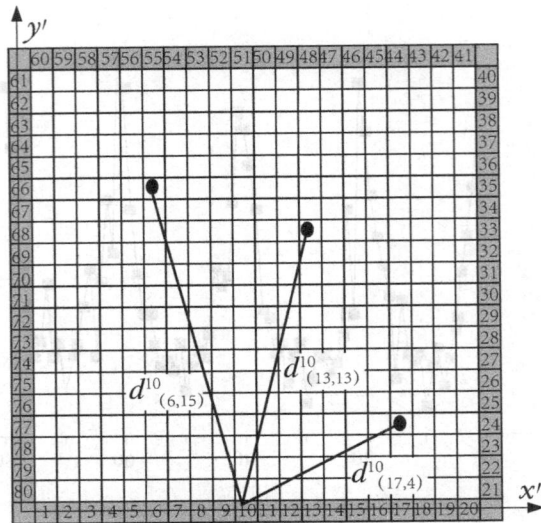

图 4-21　行人流的最短疏散距离

（1）单门情况

通过以上分析可知，行人疏散最小时间往往出现在安全出口设置在墙体的中心位置时，以 $W=20$ 为例，最小疏散时间出现在位置 10，30，50，70。而当仅仅设置一个安全出口时，感知参数中 $d_m=d_L$，K_m^t 在周围的移动领域内几乎没有差别，因此，移动收益主要由方向参数和空格参数决定，此时模型转化为岳昊所建立的模型，即只考虑目标元胞与安全出口的接近程度和周围方向上元胞的占据情况。图 4-22 描述了在四个不同位置时疏散时间与出口宽度的关系。为了减少随机分布对模拟结果的影响，设置初始行人密度 $K=1$。从图中可以看出，虽然安全出口的位置不同，但疏散时间几乎没有差别，也就是说在一个确定的空间内（$W \times W$ 的疏散空间），由 4 个位置所产生的疏散效果相同。选取其中一个位置作为研究对象，例如位置 10，此时的疏散空间静态领域值如图 4-23 所示。

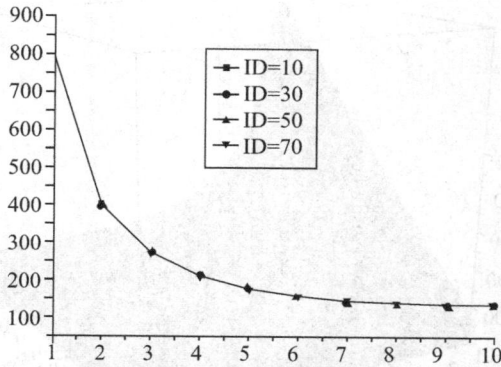

图 4-22　疏散时间在四个不同位置时与出口宽度的关系

ID＝10，30，50，70

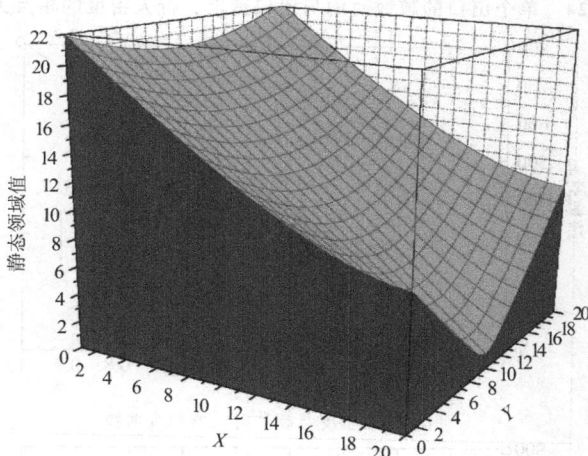

图 4-23　单个门的静态领域值

ID＝10

　　图 4-24 描述了 $W＝20$ 的情况下，单个门的出口宽度、行人密度与疏散时间的相互关系。为了更加直观地显示三者相互关系，本书进行了曲线的拟合（图 4-25），选取了当出口宽度为 1 时，拟合行人密度与疏散时间的变化曲线，发现其满足线性关系。当出口宽度大于 1 时，线性关系依然成立。这是因为在只考虑方向参数和空格参数的情况下，模型仅考虑了疏散行人的移动特性和行人选择空位的特性，没

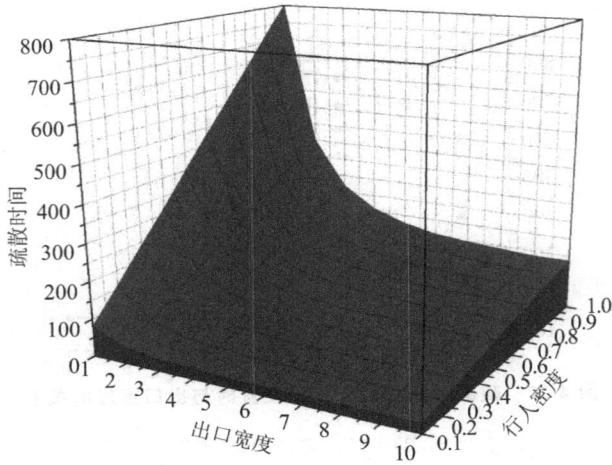

图 4-24　单个出口的疏散时间与出口宽度、行人密度的相互关系

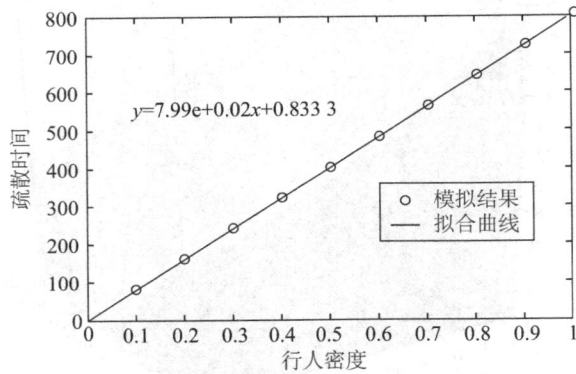

$$y=7.99e+0.02x+0.833\ 3$$

(a) 行人密度与疏散时间的拟合曲线

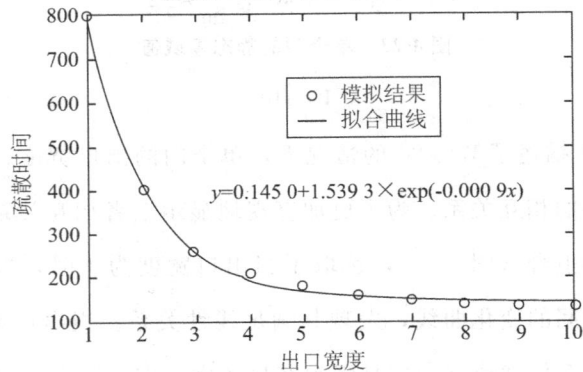

$$y=0.145\ 0+1.539\ 3\times\exp(-0.000\ 9x)$$

(b) 出口宽度与疏散时间的拟合曲线

图 4-25　单门的曲线的拟合

有考虑行人之间的摩擦、拥挤、排斥等因素对行人疏散过程的影响，因此，模型的仿真数据仅能代表行人在正常情况下没有焦急等心理因素影响的疏散情况。在模型仿真开始后，疏散行人会依次聚集到安全出口前等待离开，同时由于模型没有考虑行人之间的相互拥挤、摩擦等干扰因素对行人行进速度的影响，行人的疏散时间在很大程度上取决于安全出口的宽度和疏散房间内行人的数量，而当安全出口宽度确定时，行人的疏散时间随行人数量的增加而呈线性增长。

与此同时，选取了行人密度为 1 时，拟合出口宽度与疏散时间的变化曲线，发现其满足负指数关系，当行人密度小于 1 时，变化曲线类似。为了方便说明该情况，本书假设一个理想的情况：在一个特定的行人分布下，此时所有人都排成一个长列，并且出口宽度为 1 [图 4-26(a)]，行人的所有移动方向都是确定的，即沿着直线直接离开疏散空间，不存在对角线行走的状况，离门口最近的人先行离开。在第一个时间的时候只有行人"1"可以移动，第二个时间的时候，行人"1"和"2"可以同时移动，在第三个时间的时候，行人"2"和"3"可以同时移动，以下过程以此类推 [图 4-26(b)]，此时可以很简单地认为相对于这 N 个行人的疏散时间可以疏散 $2N$ 个人（并行机制）。相对于出口宽度 L 而言，可以排出 L 个这样的队列，所以疏散时间 $T=2N/L$。以 T/N 作为研究对象，考虑其与出口宽度的对应关系，发现其结果与 $T/N=2/L$ 的负指数分布结果相似（图 4-27），因此疏散时间和出口宽度两者之间满足负指数分布的关系。从图 4-24 和图 4-27 中可以发现，随着安全出口宽度的增加，行人疏散时间的减少量由急剧下降变得逐渐平缓，这是由于随着安全出口宽度的增加，安全出口用于行人疏散的利用率越来越低，最终达到一个饱和值，而这个饱和值往往和行人密度有关。行人密度增加，这个饱和值也随之增加。

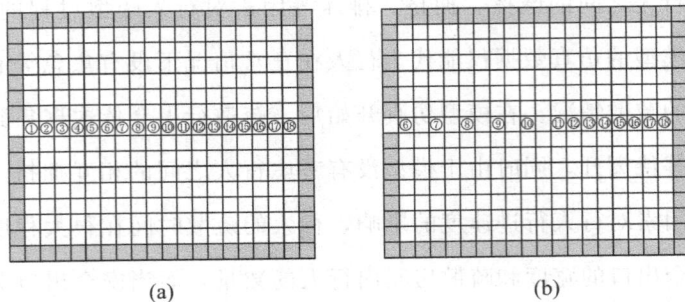

(a)   (b)

图 4-26   假想情况下行人的排队疏散

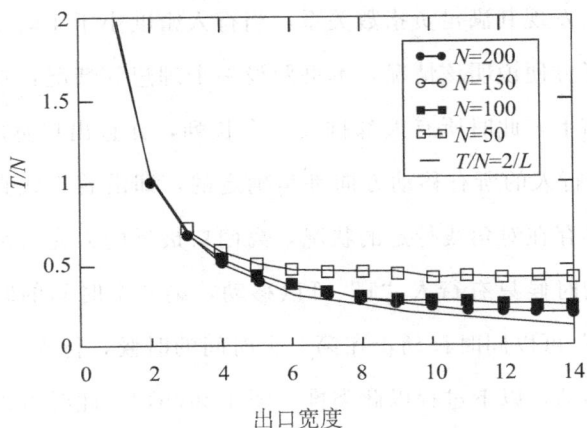

图 4-27 T/N 的关系表达式

对于 $W=20$ 单门的行人疏散，本书对出口宽度 $L=5$，行人密度 $K=0.5$ 的情况下进行了仿真模拟研究，仿真结果如图 4-28 所示。模拟初始时（$t=0$）行人随机分布在疏散空间内，由于在单门的情况下行人没有其他安全出口进行选择，必须通过此出口进行疏散，因此感知参数对行人疏散时间基本没有影响，行人的疏散时间依赖于方向参数和空格参数的共同作用，此时行人期望以最短的疏散路径离开疏散空间，而由于出口容量的限制，行人会集聚在安全出口的周围进行排队，如图 4-28（b）和（c）所示；随着模拟的继续进行，房间内人数逐渐减少，行人之间的相互冲突也逐渐减少，行人基本上可以以最大的疏散速度离开疏散空间，如图 4-28(d) 所示。

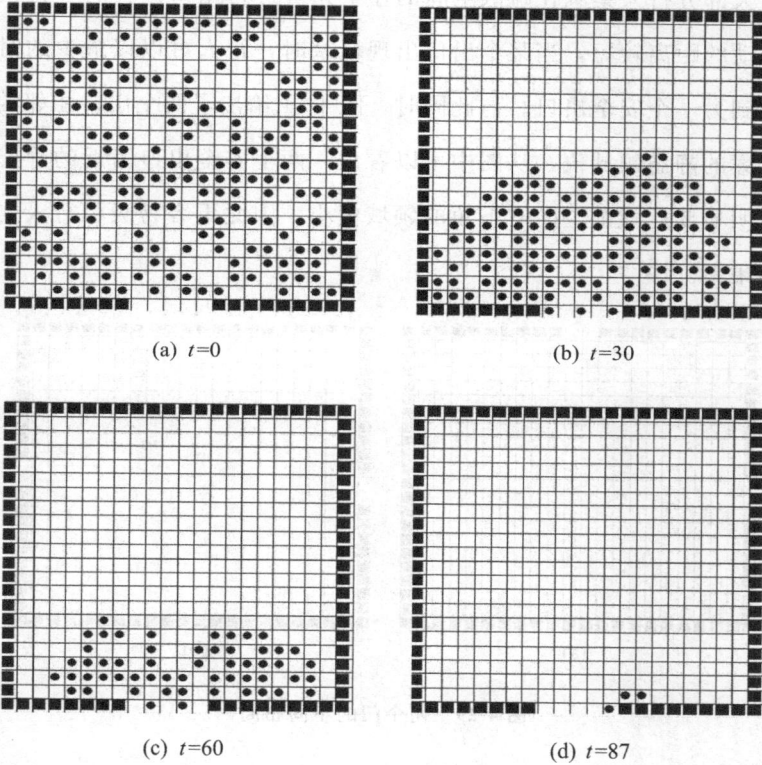

(a) $t=0$

(b) $t=30$

(c) $t=60$

(d) $t=87$

图 4-28　单门的疏散过程

$W=20$；$L=5$；$K=0.5$

（2）多门情况

① 两个门情况

以 $W=20$ 为例，当设置两个安全出口时，有以下两种情况（图 4-29），即两个出口相邻和两个出口相对。为了比较两种布局的优劣程度，本书分析了两种布局类型的疏散时间与安全出口宽度的关系（图 4-30），从图上可以看出，虽然两种布局的时间差异较小，但为了尽量减少疏散时间并且保障行人的安全，我们选取两个出口相邻的布局方案，这是因为此时两个出口的距离相对较近，在行人疏散过程中，大部分行人集聚在疏散空间的左上角。进行出口选择时，行人所要移动的距离较短，当某个出口出现堵塞时，行人可以以最少的时间移动到另一个安全出口。与此同时，图4-31给出了两个出口相邻的布局方案的静态领域值，从图中可以看出，两个安全出口附近的静态领域值明显要比疏散空间右下角的领域值小，因此更容易吸引行人向此方向集聚。

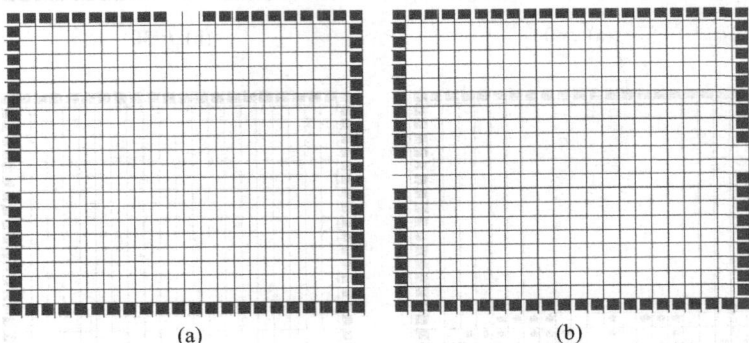

(a) (b)

图 4-29　两个门的不同布局

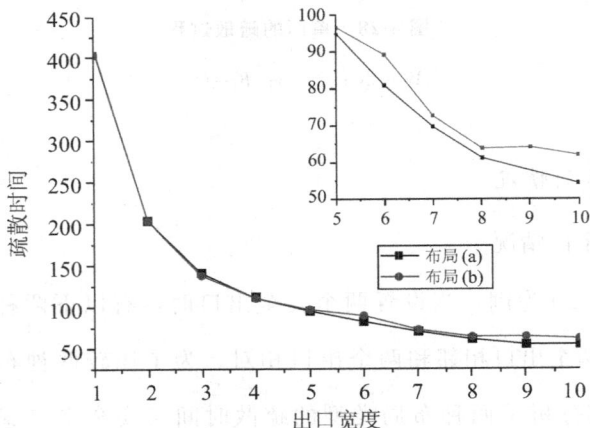

图 4-30　两种布局类型的疏散时间与安全出口宽度的关系

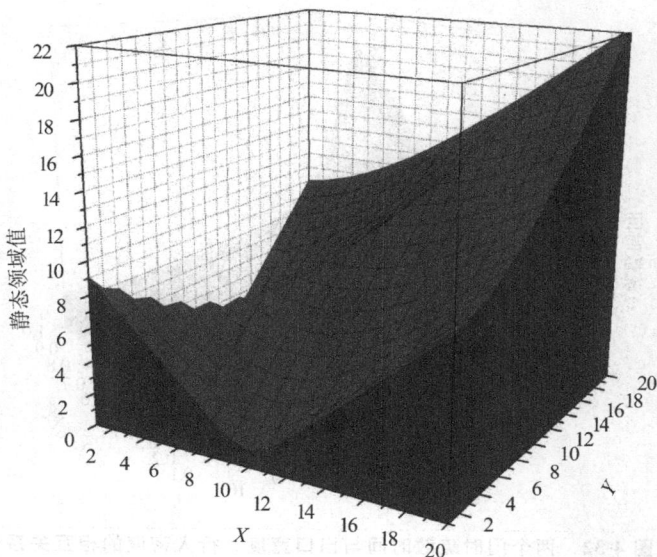

图 4-31　两个门的静态领域值

与此同时，图 4-32 描述了在 $W=20$ 的情况下，两个门的出口宽度、行人密度与疏散时间的相互关系。结果与单个门情况的结果类似，但是却有不同的意义。这是因为，疏散开始阶段行人随机分布在疏散空间内，随着疏散的进行，行人逐步向自己的目的地移动（安全出口），当行人密度较小时，行人之间相互影响较小，而随着行人密度的增加，行人发现自由行走变得越来越困难，有的时候需要排队才能到达目标元胞，在安全出口附近形成半圆形的队伍，这就增加了疏散时间。岳昊所建立的模型只考虑了最短距离情况下的行人疏散，即无论该出口拥堵情况如何，行人都不会改变疏散策略，始终把该安全出口作为自己的最终目标；而本节所建的模型，在最短距离的基础上，考虑出口行人密度的情况，即行人会根据出口附近的拥堵情况改变自己的疏散路径，甚至改变自己的初衷，选择行人密度较小的出口作为自己的目标，尽量减少排队现象，从而减少疏散时间。

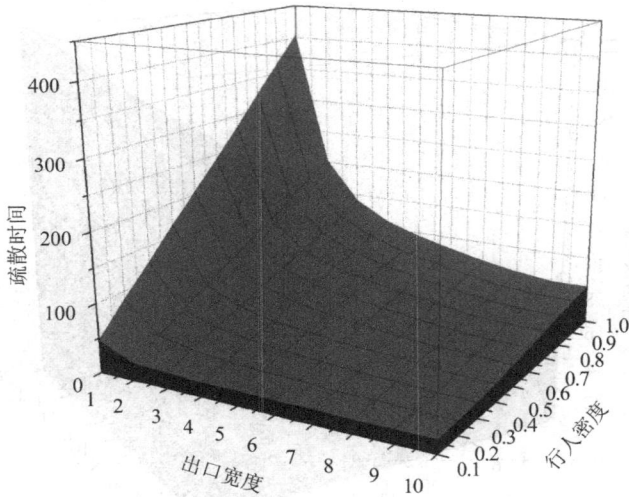

图 4-32　两个门时疏散时间与出口宽度、行人密度的相互关系

② 多个门情况

当设置的门的数量超过两个（三个或者四个），并且保证最优位置时，只有以下两种布局方式（图 4-33）。两种布局的静态领域值如图 4-34 所示。从图中可以看出，静态领域值的最小值出现在安全出口位置，并在有安全出口的一侧图形呈"V"字形变化，随着出口的增多，静态领域值有整体减少的趋势。图 4-35 显示了 $W = 20$ 的情况下，三个门和四个门的出口宽度、行人密度与疏散时间的相互关系。根据以上分析和模拟结果发现，三个门和四个门时所得的结论与一个门和两个门时所得结论相同，即在固定安全出口宽度和系统规模的情况下，行人疏散时间随行人密度的增加呈线性增加趋势。在固定行人密度的情况下，安全出口宽度越窄，行人疏散所需的时间越长。在行人密度和系统规模不变的情况下，行人的疏散时间随安全出口的增加而减少。行人疏散时间对安全出口宽度的变化曲线呈负指数型。

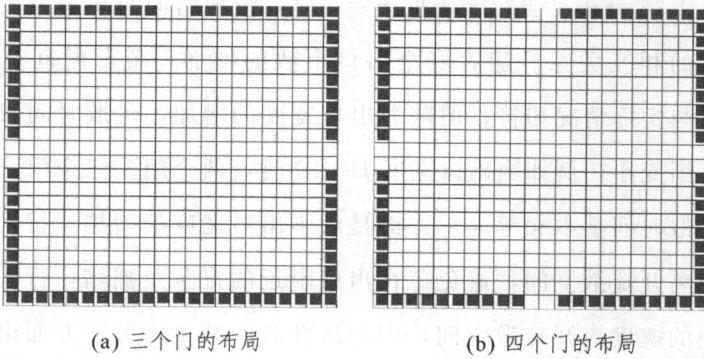

(a) 三个门的布局   (b) 四个门的布局

图 4-33 多个门的布局

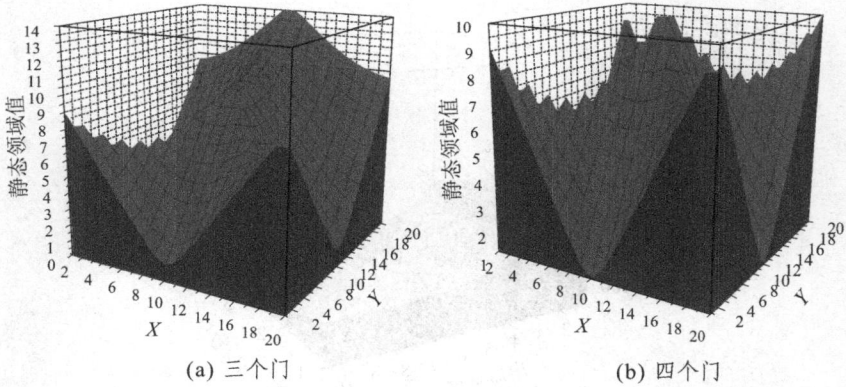

(a) 三个门   (b) 四个门

图 4-34 多个门的静态领域值

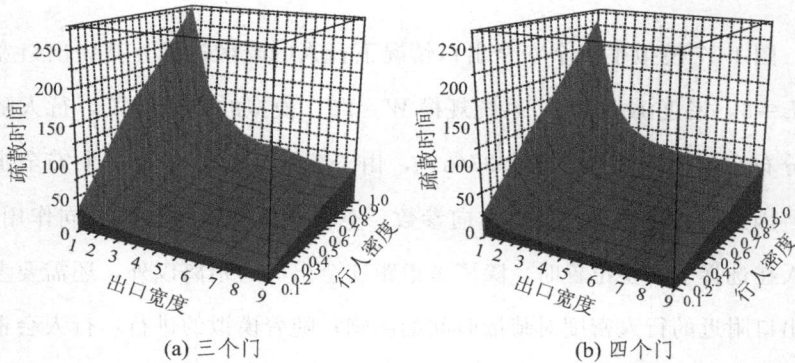

(a) 三个门   (b) 四个门

图 4-35 多个门时疏散时间与出口宽度、行人密度的相互关系

图 4-36 分析了当行人密度 $K=1$ 时，疏散时间与出口宽度、出口个数的相互关系。随着安全出口个数的增加，疏散时间逐步减少，这与实际情况相符；但随着出口宽度的增加，疏散时间减少的幅度逐渐变小，例如当出口宽度 $L=10$ 时，两个门、三个门及四个门的疏散时间基本相等，一方面是由于出口宽度的增加，行人可以很快地离开疏散空间，避免了在出口附近的排队及拥堵，行人可以以最快的速度离开疏散空间，因此疏散时间减少；另一方面由于固定的系统规模，当出口宽度到达一定程度时，利用率已经达到饱和值，所以即使出口宽度逐渐增加，但对疏散时间也有太大的影响。

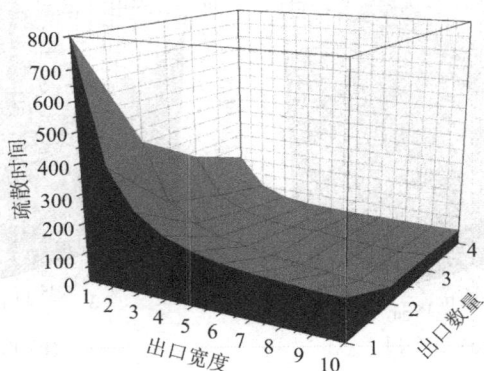

图 4-36　疏散时间与出口宽度、出口数量的相互关系

图 4-37 模拟了多个安全出口情况下行人的疏散过程，其中出口宽度 $L=5$，密度 $K=0.5$，系统规模 $W=20$。模拟的初始阶段，行人随机分布在疏散空间内 [图 4-37(a)]，由于疏散空间存在着多个安全出口，因此行人的移动收益由方向参数、空格参数和感知参数共同作用，行人在选择下一步位置时，除了考虑距安全出口的距离以外，还需要考虑出口附近的行人密度对疏散时间的影响；随着模拟的进行，行人会根据周围的疏散情况，动态地选择疏散路径 [图 4-37(b) 和 (c)]，直到最后一个行人离开疏散空间 [图 4-37(d)]，模拟过程结束。

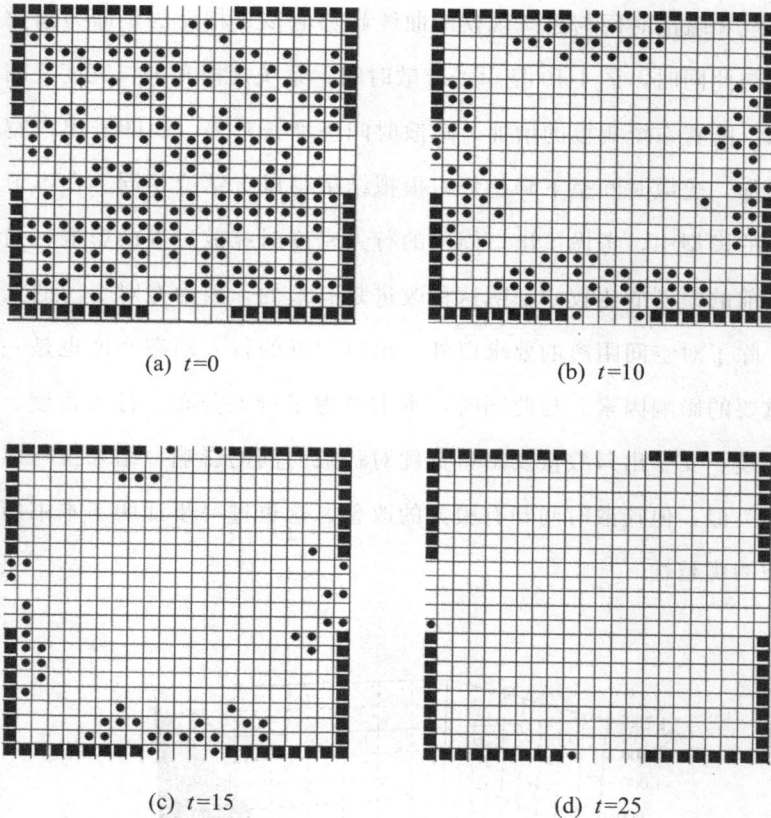

(a) $t=0$　　　　　　　　　　　(b) $t=10$

(c) $t=15$　　　　　　　　　　　(d) $t=25$

图 4-37　多门的疏散过程

$W=20$；$L=5$；$K=0.5$

以上的分析是在固定系统规模的情况下（$W=20$）进行的，接下来主要考虑在系统规模变化时，疏散时间与行人密度、出口宽度的关系。首先，分析了疏散时间、系统规模和行人密度之间的关系（图 4-38）。从图 4-38 和图 4-39 中可以看出，随着系统规模的增长，疏散时间呈指数型增长。这是因为：系统规模与安全出口宽度都是相对变量，即当系统规模不变时，增加出口宽度相当于缩小了疏散空间，疏散时间也同时减小；当出口宽度固定不变时，增加系统规模相当于减小出口宽度，疏散时间也同时增加。因此疏散时间与出口宽度的曲线和疏散时间与系统规模的曲线趋势应该是相反的，即为指数分布。与此同时，图 4-40 显示了疏散时间、系统规模和出口宽度之间的关系，随着系统规模的增加，疏散时间呈增长趋势，而随着出口宽度的增加，疏散时间呈下降趋势，模拟结果与以上结论相同。在本节所建立的模型中，考虑了出口周围的行人密度对疏散过程的影响，通过与先前的模型的比较，证明这种改进是有效的，因为在对于门的选择上，除了对空间距离的要求以外，出口附近的行人动态密度也是一个很重要的影响因素。与此同时，本书考虑了行人分布、行人密度、系统规模、安全出口数量及出口宽度对疏散时间的影响，结果虽与以往模型类似，但疏散时间却有很大的改善，这也进一步证明了本书所建模型的优越性。

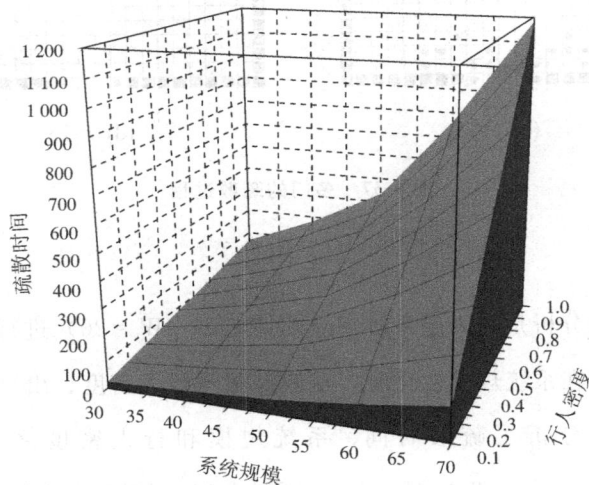

图 4-38　疏散时间与行人密度、系统规模的相互关系

（出口宽度 $L=3$）

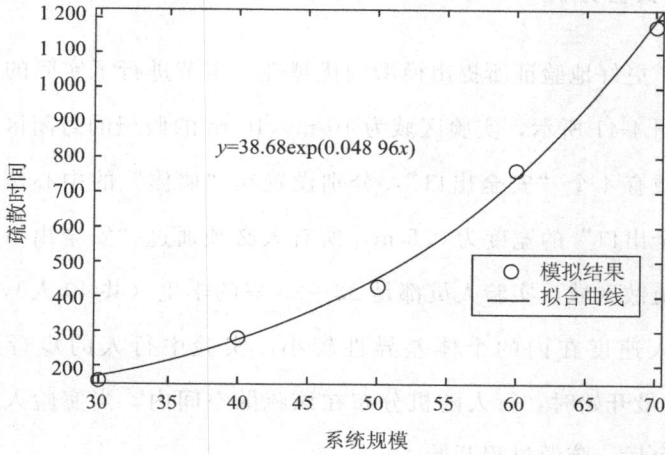

图 4-39 系统规模与疏散时间的拟合曲线

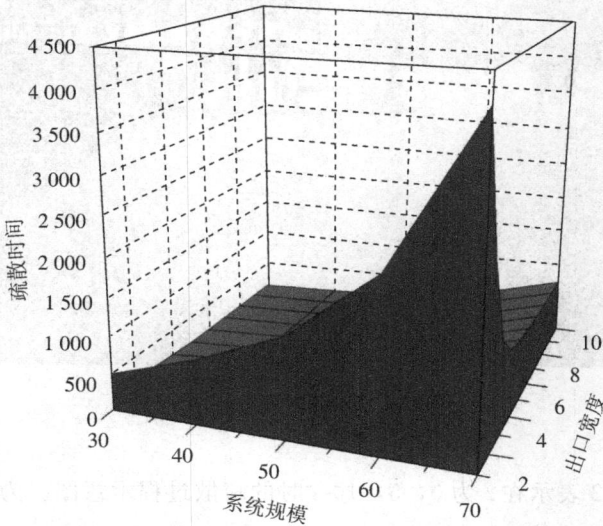

图 4-40 疏散时间与系统规模、出口宽度的相互关系

（行人密度 $K=1$）

4.1.4 实验分析

为了更好地验证所提出模型的优越性，本节进行了实际的实验分析，如图 4-41 所示，实验区域为 10 m×10 m 的假想的封闭区域，该疏散区域有 4 个"安全出口"，分别设置在"墙体"的中心位置，每个"安全出口"的宽度为 0.5 m，所有人必须通过"安全出口"才能离开该疏散区域，实验人员都是 22～25 岁的学生（共 40 人），因此，包括行人速度在内的个体差异性较小，实验中行人的步行速度为 1 m/s。最开始时，行人随机分布在该疏散空间内，当实验人员听到疏散口令后，疏散过程开始。

图 4-41　实验中的疏散区域

图 4-42 表示在 t 为 0，5，10 s 时的疏散过程示意图。为了更好地描述行人疏散特性，本节利用第 3 章所提出的低密度状态下基于行人运动的检测方法，对静态的背景和动态的前景进行了分割，从实际视频初始时进行检测，直到最后一个运动前景离开疏散区域为止，视频检测结束，而最后一个运动前景离开疏散区域的时刻即为行人的疏散时间。通过视频的背景分割［图 4-42(d)～(f)］可知，该实验最后一

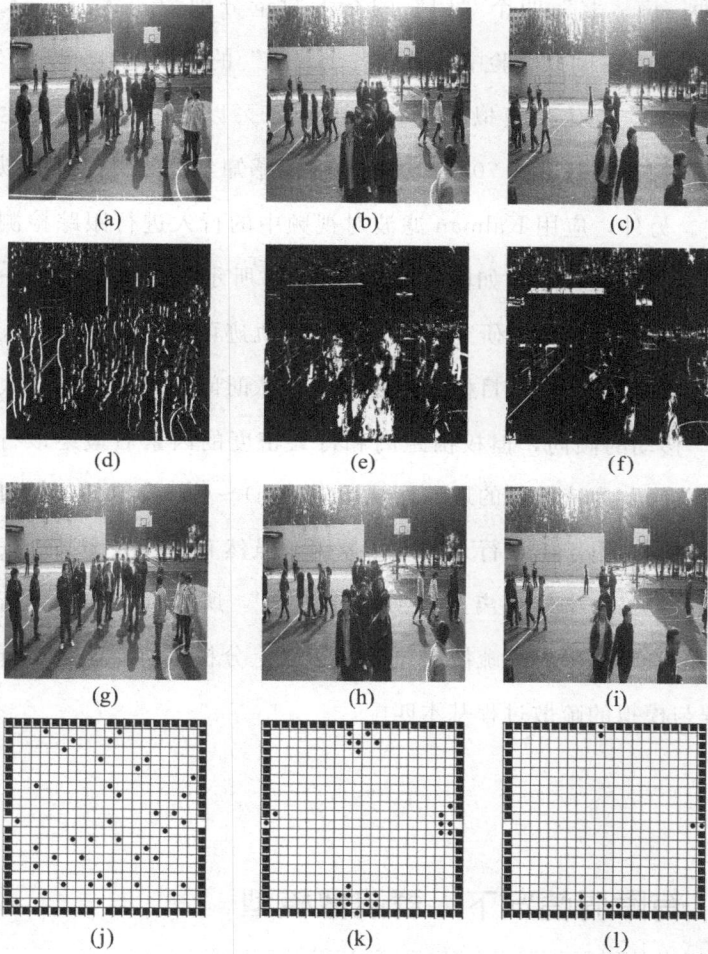

图 4-42 疏散过程示意图

（a）～（c）为实际疏散过程；（d）～（f）为背景模型的图形显示；

（g）～（i）为行人运行轨迹；（j）～（l）为模拟疏散过程

个运动前景离开疏散区域的时间为 16 s，模型模拟实验中行人疏散时间为 32 个时间步长，因为行人的速度为 1 m/s，元胞的长度为 0.5 m，因此每个时间步长代表 0.5 s，模拟时间共计 16 s，与实际疏散时间相同。与此同时，分别记录各个"安全出口"疏散的运动前景的数量，并与模型的模拟结果进行比较，在实际疏散过程中，行人通过

"东、西、南、北"四个"门"的行人数量分别为 4 人、12 人、18
人、6 人，而在模拟实验中，对应各个"门"的疏散人数分别为 7 人、
12 人、14 人、7 人，模拟的正确率皆为 75％以上，而岳昊所建立的
模型模拟的正确率不到 70％，进而验证了感知参数的引进对模拟结果
的改进。另外，应用 Kalman 滤波对视频中的行人进行跟踪检测，分
析了行人的运动轨迹，如图 4-42(g)～(i) 所示，选取了最后一个离
开疏散空间的行人作为研究对象，从疏散轨迹可以看出，该行人最开
始选择"北门"为移动目标，但是随着排队时间的增加，该行人有向
"东门"移动的倾向，但权衡距离和行人密度的因素后最终该行人选
择了"北门"为疏散目的地，而从图 4-42(j)～(l) 模拟的疏散过程中
也可以看到，由于出口行人密度的原因，虽然有些行人距某个安全出
口较近，但是为了尽快离开该"疏散区域"，所以选择了其他行人密
度较小的安全出口作为疏散出口。基于以上分析可以看出，实际的疏
散过程与模拟的疏散过程基本匹配。

4.2　有障碍情况下人群疏散模型

在实际的疏散环境中经常会出现障碍物（图 4-43），行人为了离
开疏散空间必须选择避开或绕过障碍物，因此，障碍物的存在将会影
响行人的疏散轨迹和疏散过程，进而增加了行人的疏散时间。本节假
设行人不能跨越或穿越障碍物，因此，行人为了以最短的时间离开疏
散空间，将会根据实际情况理智地避开障碍物，为了合理地描述这一
过程，本书利用基于 Dijkstra 法的静态领域值计算方法来计算疏散空
间内的元胞位置距安全出口的最短距离。

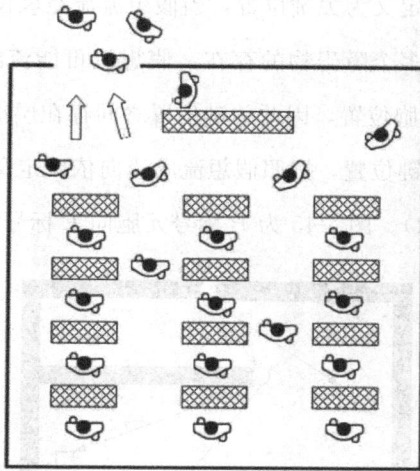

图 4-43　存在障碍物的行人疏散空间

4.2.1　有障碍物情况下的静态领域值

　　算法假设存在假想流从安全出口出发，以恒定的速度不断地向移动领域内的任意一个方向进行扩散，当假想流遇到障碍物时会改变方向，然后继续沿可能的元胞方向进行扩散，直到疏散空间内的每个元胞都有一条唯一的假想流存在时算法终止，假想流所走的路径的总长度将是此元胞的静态领域值。在假想流扩散的过程中，对假想流流经的元胞位置进行编号：对假想流经过的元胞，依次给予 P 标号，表示安全出口与元胞位置之间的最短距离；P 标号元胞可以在其邻域内进行扩张，即向周围的八个元胞进行扩张，对扩张后没有进行比较确认最短距离的元胞，依次给予 E 标号，表示安全出口与元胞之间最短距离的估计值；对假想流没有流经也没有扩张的元胞给予 T 标号，表示假想流未来将要通过和扩张的元胞位置。

　　当元胞位置与安全出口的直线路线上存在障碍物时，行人将会绕开障碍物到达安全出口进而离开疏散空间。因此，算法将行人在障碍物附近必须经过的位置定义为关键位置，当假想流流经该位置时，扩散方向将发生改变。由于多个障碍物的存在，假想流可能流经多个关键位置，最后到达 P 标号元胞位置，因此关键位置之间存在层次等级关系（其中安全出口为 1 级关键位置，按照假想流的流向依次定义各等级的关键位置，如图 4-44 所示）。图 4-45 为 P 标号元胞向 E 标号元胞的扩展过程。

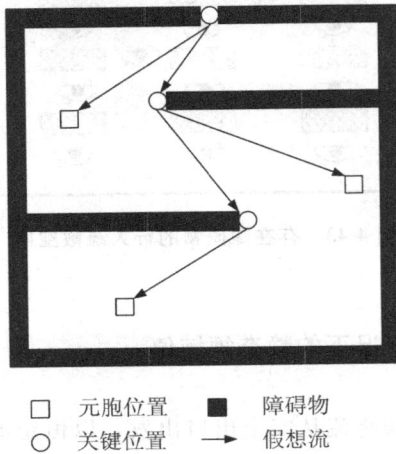

图 4-44　由各级元胞关键位置组成的假想链

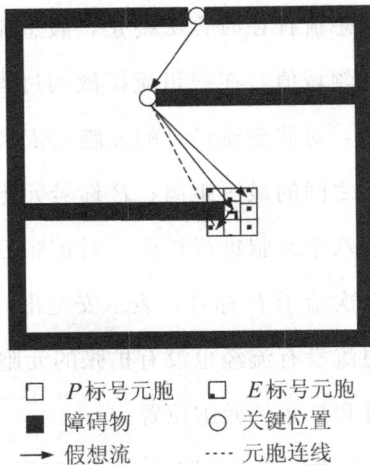

图 4-45　P 标号元胞向 E 标号元胞的扩展

存在障碍物情况下的基于 Dijkstra 算法的静态领域值计算具体步骤如下。

步骤 1：首先标定安全出口内的元胞为 P 标号，并认为其父代关键位置为自身，其余的元胞标定为 T 标号，赋静态值为无穷大，即 $T(i,j) = +\infty$。

步骤 2：将获取的 P 标号元胞在其邻域内进行扩张，其中相邻的元胞位置 (x, y) 作为 P 标号元胞 (i, j) 的扩张元胞，表达式为 $(x, y) = \text{Expand}(i, j)$，判断扩张元胞与 P 标号元胞的父代关键位置的直线上是否存在障碍物，如果不存在障碍物，转入步骤 3，否则转入步骤 4。

步骤 3：如果扩张元胞 (x,y) 为 E 标号元胞，说明该元胞已经被扩展，那么确定该元胞新的估计值与父代关键位置，并与旧估计值进行对比，取最小值作为扩张元胞的 E 标号值，并改变其父代关键位置，即

$$\text{parent}(x,y) = \begin{cases} \text{parent}(i,j) & P[\text{parent}(i,j)] + \\ & \|\text{parent}(i,j) - (x,y)\|_2 \leqslant E(x,y) \\ \text{parent}(x,y) \end{cases} \quad (4\text{-}9)$$

否则，

$$E(x,y) = \min\{E(x,y), P[\text{parent}(i,j)] + \|\text{parent}(i,j) - (x,y)\|_2\}$$
$$(4\text{-}10)$$

如果扩张元胞 (x,y) 为 T 标号元胞，说明该元胞第一次被扩张，那么赋予该元胞为 E 标号元胞，其父代关键位置为 P 标号元胞 (i,j) 的父代关键位置，即

$$E(x,y) = P[\text{parent}(i,j)] + \|\text{parent}(i,j) - (x,y)\|_2 \quad (4\text{-}11)$$

$$\text{parent}(x,y) = \text{parent}(i,j) \quad (4\text{-}12)$$

步骤 4：如果扩张元胞 (x,y) 为 E 标号元胞，说明该元胞已经被

扩张，那么确定扩张元胞 (x,y) 新的估计值，并比较新旧估计值，取最小值作为其扩张元胞的 E 标号值，并改变其父关键位置，即

$$\text{parent}(x,y) = \begin{cases} (i,j) & P(i,j) + \\ & \parallel (i,j) - (x,y) \parallel_2 \leqslant E(x,y) \\ \text{parent}(x,y) \end{cases} \qquad (4\text{-}13)$$

否则，

$$E(x,y) = \min\{E(x,y), P(i,j) + \parallel (i,j) - (x,y) \parallel_2\} \qquad (4\text{-}14)$$

如果扩张元胞 (x,y) 为 T 标号元胞，说明该元胞第一次被扩张，那么赋予该元胞为 E 标号元胞，其父关键位置节点为 P 标号元胞 (i,j)，即

$$E(x,y) = P(i,j) + \parallel (i,j) - (x,y) \parallel_2 \qquad (4\text{-}15)$$

$$\text{parent}(x,y) = (i,j) \qquad (4\text{-}16)$$

步骤 5：如果在所有元胞中存在 E 标号元胞，那么寻找估计距离值最小的 E 标号元胞作为 P 标号元胞，程序转入步骤 2。如果所有元胞的标号为 P 标号，程序终止。疏散房间内的元胞位置的 P 标号值就是安全出口与元胞位置之间的最短距离，即静态领域值。如果疏散空间拥有多个安全出口且出口宽度 L 大于 1 时，静态领域值取值如下

$$S_{xy} = \begin{cases} \min_m \{\min_n [P_n^m(x,y)]\} & \text{元胞}(x,y)\text{为空格} \\ M_o' & \text{元胞}(x,y)\text{为障碍物或者墙} \end{cases} \qquad (4\text{-}17)$$

式中：S_{xy}——元胞 (x,y) 的静态领域值；

(x,y)——元胞在疏散空间内的坐标；

$P_n^m(x,y)$——疏散空间内元胞 (x,y) 距第 m 个门内第 n 个元胞的最短距离；

M_o'——一个很大的正数，说明障碍物对行人几乎没有吸引力。

计算存在障碍物疏散环境下元胞位置距安全出口的静态距离的流

程图如图 4-46 所示。图 4-47 描述了疏散房间内存在障碍物情况下的
关键元胞位置和基于 Dijkstra 算法的静态领域值，图中 "☆" 为关键
位置，灰色直线为连接安全出口、各级关键位置和元胞位置的假
想链。

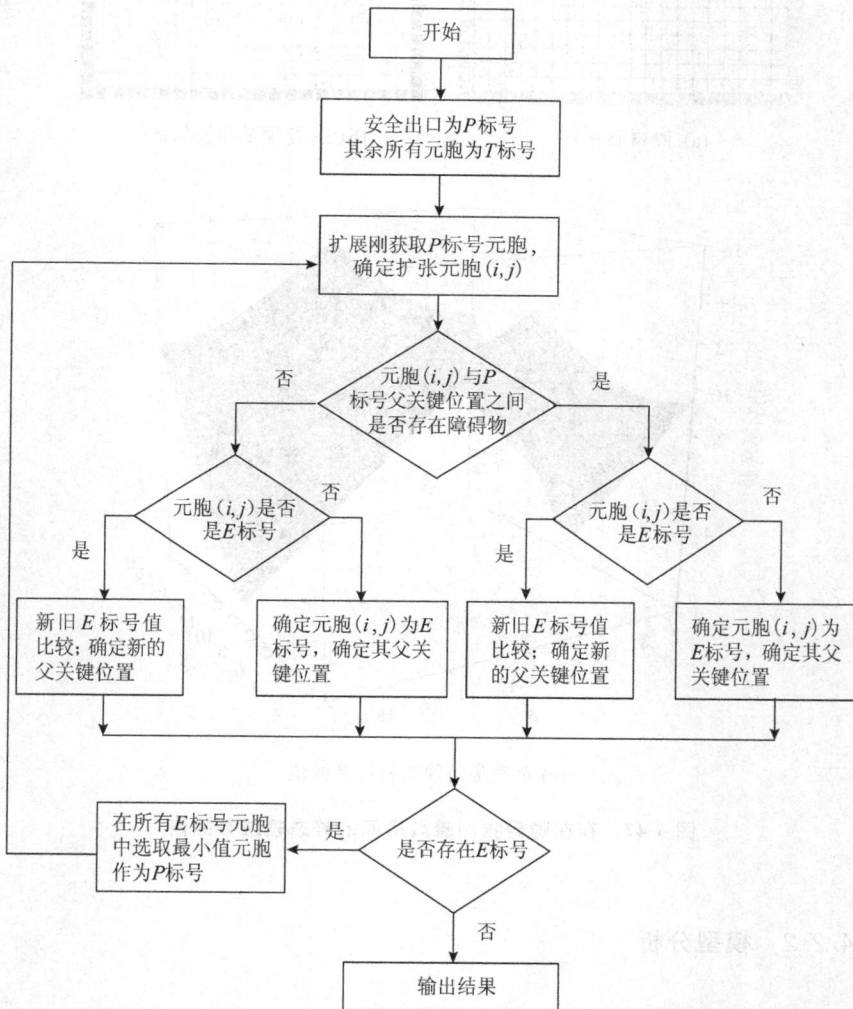

```mermaid
flowchart TD
    A[开始] --> B[安全出口为P标号<br/>其余所有元胞为T标号]
    B --> C[扩展刚获取P标号元胞，<br/>确定扩张元胞 i,j]
    C --> D{元胞 i,j 与P<br/>标号父关键位置之间<br/>是否存在障碍物}
    D -->|否| E{元胞 i,j 是否<br/>是E标号}
    D -->|是| F{元胞 i,j 是否<br/>是E标号}
    E -->|是| G[新旧E标号值<br/>比较；确定新的<br/>父关键位置]
    E -->|否| H[确定元胞 i,j 为E<br/>标号，确定其父关<br/>键位置]
    F -->|是| I[新旧E标号值<br/>比较；确定新<br/>的父关键位置]
    F -->|否| J[确定元胞 i,j 为<br/>E标号，确定其父<br/>关键位置]
    G --> K{是否存在E标号}
    H --> K
    I --> K
    J --> K
    K -->|是| L[在所有E标号元胞<br/>中选取最小值元胞<br/>作为P标号]
    L --> C
    K -->|否| M[输出结果]
```

图 4-46 计算存在障碍物空间内元胞位置距安全出口的静态距离

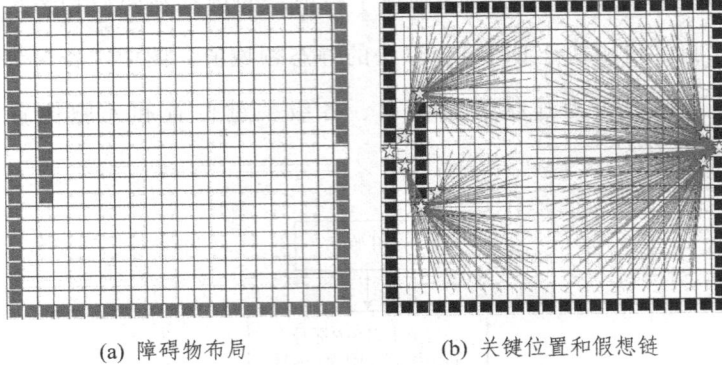

(a) 障碍物布局　　　　　　(b) 关键位置和假想链

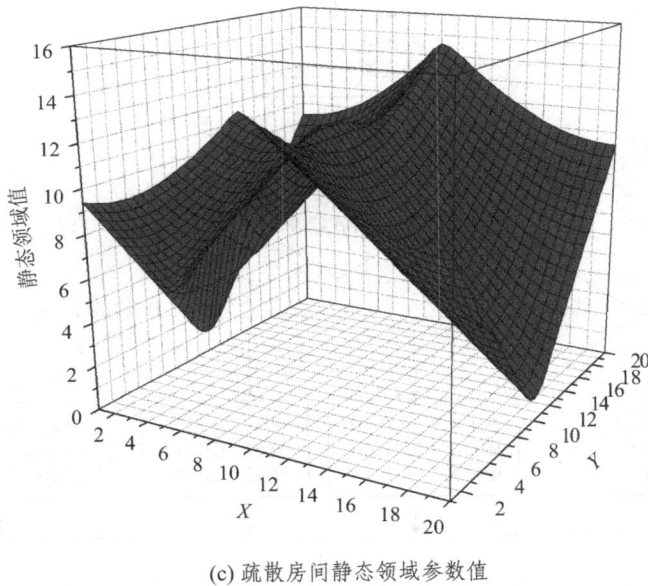

(c) 疏散房间静态领域参数值

图 4-47　存在障碍物的疏散房间的静态领域参数值

4.2.2　模型分析

　　存在障碍物情况下的人群疏散模型与无障碍物情况下的人群疏散模型相同，只是在静态领域值计算的时候存在差异；疏散规则与无障碍物情况下行人演化规则相同。但是由于障碍物的存在，行人不能穿越障碍物进行疏散，必须绕开障碍物才能到达目的地，此时方向参数会受影响，因此对应的权重系数在模拟和疏散仿真过程中会发生变化。为了更好地确定各个参数的权重系数，本小节进行了相关的实验。实验地点选取北京交通大学 8 号教学楼 2 楼的教室，实验人员共有 25 人，其中 5 个人保持位置不动，其余 20 人正常疏散，实验人员年龄为 22～25 岁，并将实验人员进行标号，疏散速度为 1 m/s，实验过程中行人按照正常的疏散路径进行疏散，不会跳跃或者破坏障碍物，实验环境如图 4-48 所示。图 4-49 显示了在不同参数值的情况下疏散时间与行人密度之间的关系图。从图中可以看出，随着行人密度的增加，疏散时间呈线性增长，其所得结论与上一节结论相同，但是不同的参数值所对应的疏散时间却有一定的差异，通过比较可以看出，当 $K_D = 0.25$，$K_E = 0.6$，$K_C = 0.15$ 时，模拟结果与实验结果相近且波动较小，因此本节的模型选择该参数进行模拟。

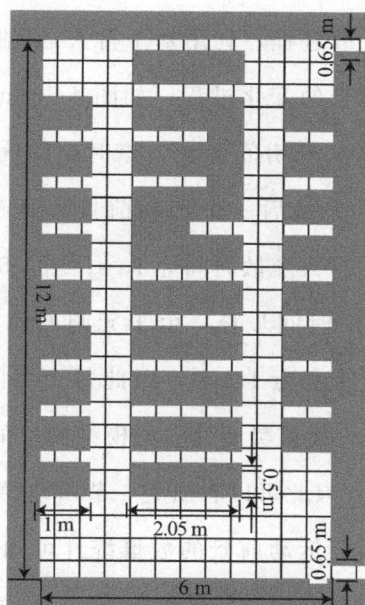

图 4-48　实验环境示意图（其中面积为 12 m×6 m）

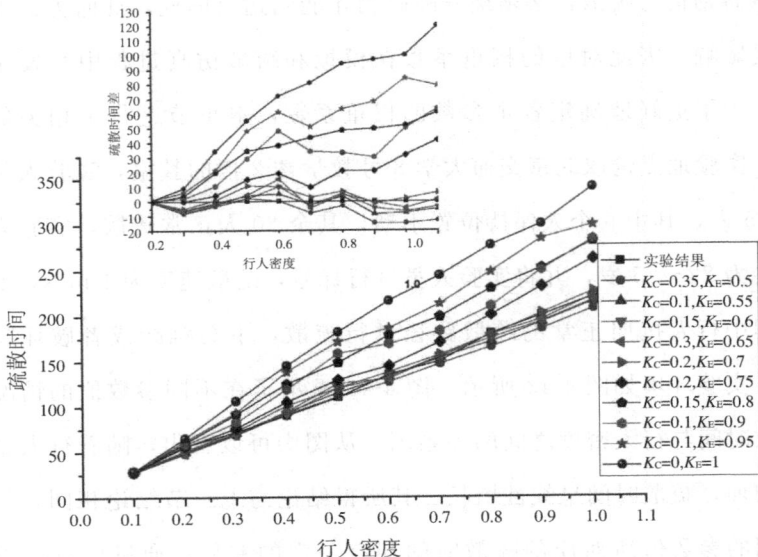

图 4-49 不同参数下的行人密度与疏散时间及实验结果与模拟结果差值的关系

图 4-50 为实际实验与模型模拟的疏散过程示意图，图 4-50（a）～（d）为实际实验的疏散过程，利用基于行人运动的检测方法进行视频检测，记录运动前景的变化过程，如图 4-50（m）～（p）所示，直到最后一个运动前景离开房间为止，该时刻即为行人的疏散时间，根据以上分析，本实验最后一个运动前景离开疏散空间的时间为 $t=13$ s，即该实验的行人疏散时间为 13 s；图 4-50（e）～（h）为模拟的疏散过程，共 25 个时间步长，由于元胞的面积大小为 0.5 m×0.5 m，实验中行人速度为 1 m/s，因此每个时间步长代表 0.5 s，模拟时间共计12.5 s，而岳昊所建立的模型模拟的疏散时间为 32 个时间步长（即 16 s），因此可以看出上一节所建模型比原模型更加符合实际。通过对前后门运动前景的数量统计可知，前门疏散的运动前景为 7 个，后门疏散的运动前景为 13 个，而模拟实验中，前门疏散行人为 8 人，后门疏散行人为 12 人，因此模型模拟的正确率较

高；图 4-50(i)～(l) 显示了标号为"23"的实验人员的运行轨迹，图中可以看出该实验人员在综合考虑距出口的距离和行人密度的基础上，理性地选择了后门作为自己疏散的目的地，这与模型模拟的结果相同。

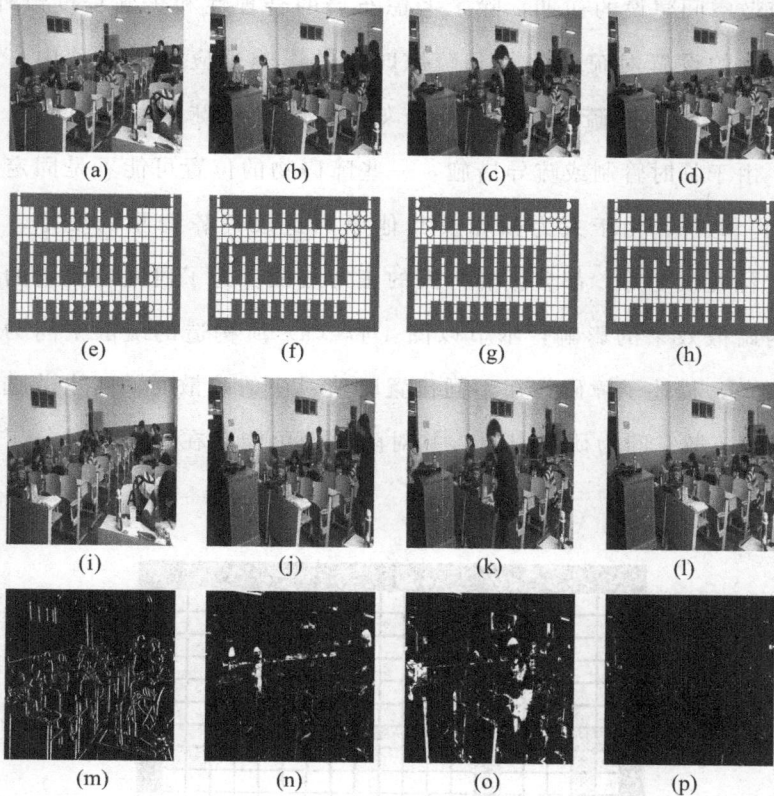

(a)　　　　(b)　　　　(c)　　　　(d)

(e)　　　　(f)　　　　(g)　　　　(h)

(i)　　　　(j)　　　　(k)　　　　(l)

(m)　　　　(n)　　　　(o)　　　　(p)

图 4-50　实验和模拟疏散过程

(a)～(d) 为实验疏散过程，(a) 初始时刻，(b) $t=5$，(c) $t=8$，(d) $t=10$；(e)～(h) 为模拟疏散过程，系统规模为 24×12，$L=1$，(e) $t=0$，(f) $t=10$，(g) $t=16$，(h) $t=20$；由于实验过程中行人速度为 $1\ \text{m/s}$，而模拟仿真中的元胞面积大小为 $0.5\ \text{m}\times0.5\ \text{m}$，因此，模拟仿真的疏散时间为实际疏散时间的两倍；(i)～(l) 为疏散行人轨迹；(m)～(p) 背景模型

4.2.3 障碍物布局的模拟分析

　　一般情况下，一旦疏散空间确定了，疏散环境就很难发生改变，这其中就包括出口位置、出口宽度和系统规模等。因此，在房间或疏散空间建设的初期，除了考虑布局的合理性和美观程度以外，障碍物的设置对疏散路径和疏散时间的影响理应被考虑其中。但是，在很多实际疏散的情况下，如电影院、足球场、大型的剧院等，由于临时管制或疏导措施，一些障碍物的位置可能不是固定不变的。另外，由于人为损坏及其他原因造成的障碍物的变形、破损、位置改变等，都会影响行人的正常疏散。为了研究障碍物的变化对疏散效果的影响，本节以图 4-47（a）所构造的疏散空间为研究对象，描述了障碍物在不同位置时所对应的疏散时间，本节选取1/4 的疏散空间为研究对象，并对障碍物可能存在的位置进行了标号（图 4-51）。

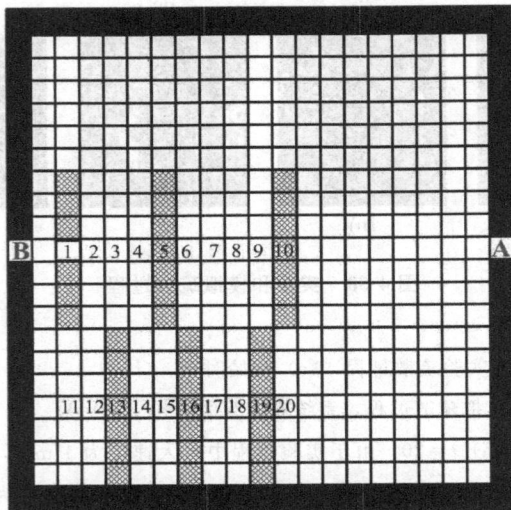

图 4-51　障碍物的可能位置

图 4-52 描述了疏散时间、行人密度与障碍物位置之间的相互关系，结合图 4-51 我们可以看到随着障碍物位置标号的不断增加，疏散时间呈现不规律的变化，在相同行人密度条件下，疏散时间的最大值经常出现在位置 1 的位置，这是因为行人最终的目标为安全出口，疏散行人在短时间内几乎全部都会聚集到出口附近，而如果此时出口附近位置被障碍物占据，这不仅影响了行人疏散的路径，而且增长了疏散时间，对行人的疏散会造成不利的影响。疏散时间的最小值经常出现在位置 10 或位置 18，即比较靠近疏散空间中心的位置，此时障碍物距离安全出口较远，对出口附近的行人密度和疏散路径影响较小，因此疏散时间较小。

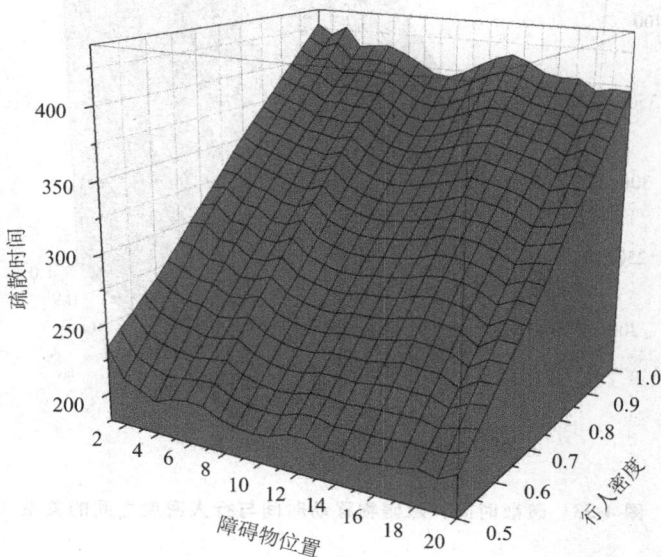

图 4-52　疏散时间、行人密度与障碍物位置之间的相互关系

假设存在如下疏散场景：在最开始时障碍物在位置 1，此时行人的疏散时间为最大，为了减少障碍物对行人疏散路径的影响，在 t 个时间步之后将障碍物移动到位置 10，为了确定最佳移动时间，图 4-53

描述了疏散时间、障碍物移动时间与行人密度之间的关系。从图中可以看出，疏散时间随着障碍物移动时间的增加而增加，这是因为越早移动障碍物，障碍物对行人疏散路径的影响就越小，行人就可以以最短的疏散路径离开疏散空间，疏散时间相应也随之减少。然而再经过一段时间后，移动障碍物对疏散时间不会有特别大的改变，这是因为此时行人已经在安全出口聚集并形成了拥堵，安全出口的利用率已经达到饱和值，对于此时的疏散环境而言，移动障碍物已经对疏散时间的影响相对较小。

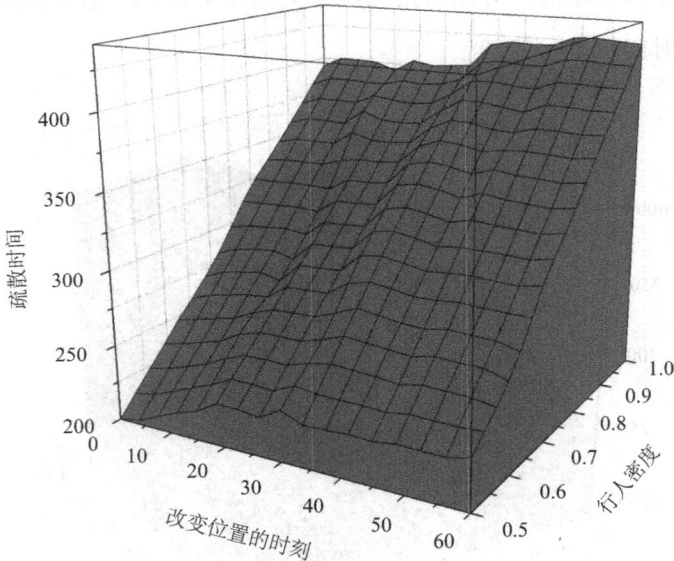

图 4-53 疏散时间、障碍物移动时间与行人密度之间的关系

4.2.4 实验分析

为了模拟障碍物的移动对疏散过程的影响，本节进行了相应的实验，实验地点选取北京交通大学 8 号教学楼 4 层会议室，实验环境如图 4-54 所示，系统规模为 12 m×7 m，安全出口宽度为 0.75 m。此次实验是在某小型的讨论班结束以后进行的，共有 52 人参加了此次讨论班，房间内共有座位 40 个，由于座位的限制，需要从其他房间搬来临时座位，为了获得一个好的观测角度，大部分人将位置安排在房间的右下角，从而阻塞了右下角门的位置，待讨论班结束之后，右下角的行人将障碍物移开，行人逐步离开房间。

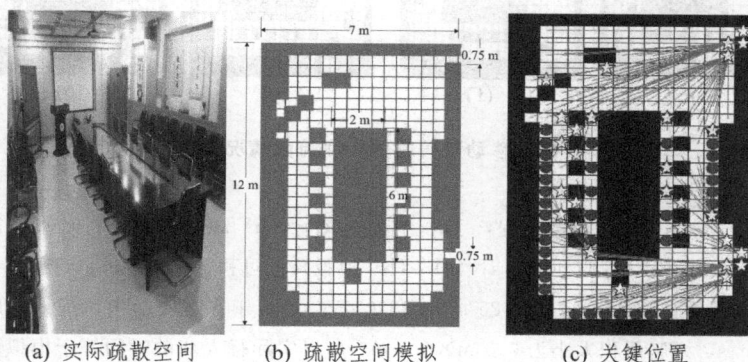

(a) 实际疏散空间　　　(b) 疏散空间模拟　　　(c) 关键位置

图 4-54　疏散空间

图 4-55（a）～（d）显示了瞬时移动障碍物的实际疏散情况，图 4-55（e）～（h）显示了模型模拟的示意图。在本实验中，行人速度为 0.5 m/s，元胞面积大小为 0.5 m×0.5 m，所以实际行人疏散时间等于模拟疏散时间。从图中可以看出，由于实验开始阶段右下角的安全出口被临时座位阻挡，行人无法离开空间，此时门口出现了排队现象，待到 $t=5$ s——"障碍物"移开之后，行人才依次离开了房间。在实际实验过程中，行人疏散时间为 75 s，模拟实验的疏散时间为 66 个时间步，误差产生的原因在于：在实际实验过程中，一些实验人员在实验开始后，并不是急于离开疏散空间，而是开始收拾自己的物品及打扫房间，除去类似行为的干扰之后，发现实际疏散过程与模拟过程相近，模拟效果较好。

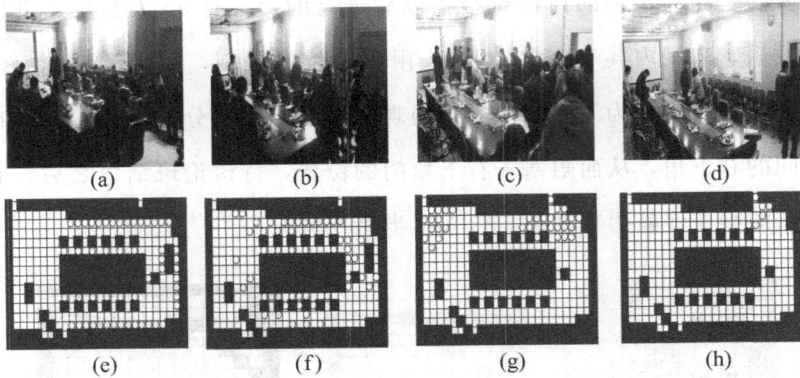

图 4-55　瞬时移动障碍物的实际疏散情况及模型模拟

　　(a)～(d) 实际疏散过程，(a) 初始时刻，(b) $t=5$ s 时，临时座位被移开，(c) $t=25$ s，(d) $t=55$ s；(e)～(h) 模拟疏散过程，(e) $t=0$ s，(f) $t=5$ s 时，障碍物被移开，(g) $t=25$ s，(h) $t=55$ s；由于在本实验中，行人速度为 0.5 m/s，元胞面积大小为 0.5 m×0.5 m，所以实际行人疏散时间等于模拟疏散时间

4.3　本章小结

　　本章在已有的动态参数模型的基础上引入了感知参数，用以描述出口附近的行人密度对行人疏散行为的影响，本章分别对无阻碍和有阻碍情况下的人群疏散进行了研究：对于无阻碍情况下的人群疏散，本章分别研究了安全出口的最佳位置，以及单个门和多个门的布局对疏散时间的影响，并对模型参数进行了最优的选取，描述了疏散时间、系统规模、行人密度、出口宽度之间的关系；对于有阻碍情况下的人群疏散，本章考虑了障碍物布局对疏散时间的影响，同时考虑了当障碍物发生位置移动时对疏散时间的影响，分析了障碍物移动时

间、疏散时间、行人密度之间的相互关系。最后，本章对无阻碍和有阻碍两种情况分别进行了实际实验和仿真模拟，利用第 3 章所提出的低密度状态下基于行人运动的检测方法对视频进行检测，通过背景分割得到最后一个运动前景离开疏散空间的时间（即疏散时间），并利用目标跟踪分析出行人的运动轨迹，通过与实际实验的比对，发现模型模拟的效果较好，这也显示了本书所建模型的优越性。

5 紧急情况下的人群疏散模型

在实际生活中，常常会发生一些紧急的情况，如火灾、行人间过于拥堵和挤压、行人视线受烟雾和停电等情况的影响等。而此时的行人运动轨迹和运动状态与正常情况下的行人疏散有很大的差别，行人会采取不同的微观行为进行逃离和疏散，因此会呈现出不同的宏观特性。

Guo 等提出了在可视度为 0 的条件下行人疏散的路径选择模型。模型假设在可视度为 0 时，行人不能看到周围的动态信息，因此行人会通过自身对疏散环境的记忆来进行疏散。然而对于更大或者更复杂的疏散环境而言，这种利用记忆进行疏散的有效性就会逐渐消失，尤其是在视野完全受阻时，大部分行人往往会选择从众行为，而行人的视线受影响时，可视度为 0 的情况相对较少，有一定的视野范围，在此视野范围之内行人可以看到周围的情况，而在此视野范围之外，行人则无法辨别出目标。另外，在以往的行人紧急疏散的研究中，大部分的模型假设每个元胞只能容纳一个行人，但本书认为在紧急疏散的情况下，由于行人急于找寻安全区域或者离开疏散环境，因此相互之间会发生挤压，这就会导致一个元胞可能存在多个行人，但以往的研究并没有涉及此类情况。基于以上分析，本章从视线受影响情况下无疏散标志的人群从众疏散、有疏散标志的人群沿墙疏散、存在挤压情况的人群疏散及发生火灾情况下的人群挤压疏散几个方面进行研究，探讨紧急情况下人群疏散的运动机理。

5.1 视线受影响情况下的人群疏散模型

与上一章类似，本章的模型建立在一个（$W+2$）×（$W+2$）的离散的二维元胞网络空间内，系统的边缘元胞为疏散空间的墙体，安全出口位于墙体上，每个元胞只能容纳一个行人，并且每个行人只能占据一个元胞。

行人在运动过程中，会根据本身的视野范围选择运动方向。而在实际生活中，常有烟雾和停电等紧急情况的发生，此时行人视野会受一定程度的影响，但这并不意味着行人完全看不清周围的情况，由于一些发光源的存在和行人在黑暗中的可视能力的影响，行人会有一个可视范围，在此范围内行人可以清晰地分辨出目标，而在此范围之外行人则无法看到周围的情况。模型假设这个视野范围是以行人为中心、以视野半径 R 为半径的圆（图 5-1），并假设每个行人的视野半径相同。

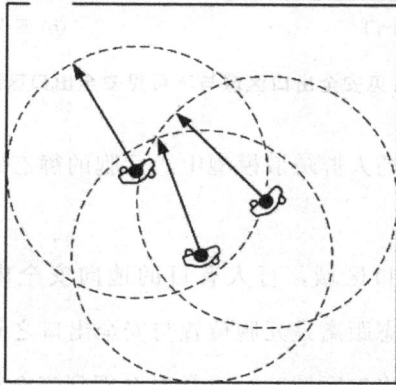

图 5-1 疏散行人视野范围示意图

5.1.1　无疏散标志的人群疏散模型

（1）模型建立

Guo 等认为在行人视野受影响时，行人可视范围为 0，行人依靠对疏散环境的记忆程度来进行疏散，并能通过感觉和触摸对周围的疏散情况进行了解。但本书认为，由于受行人视野半径的影响，行人可以通过视野半径内的其他行人动态信息来确定疏散行为，而并不是单纯依靠记忆和感觉来进行疏散。由于行人的视野受影响，在疏散空间（例如房间内）的某些区域会看不到安全出口，因此疏散空间可以划分为可见安全出口区域和不可见安全出口区域（图 5-2）。

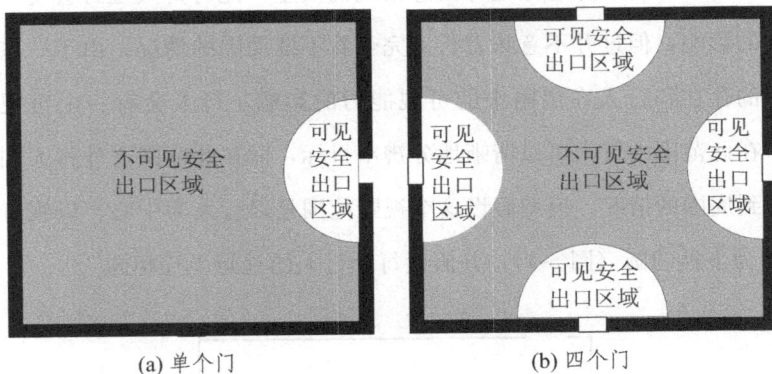

（a）单个门　　　　　　　（b）四个门

图 5-2　可见安全出口区域与不可见安全出口区域的划分

在无疏散标志的人群疏散模型中，元胞的静态距离值应从以下两个方面进行分析：

在可见安全出口区域，行人有目的地向安全出口移动并离开房间，此时元胞的静态距离是元胞位置与安全出口之间的欧氏距离；

在不可见安全出口区域，由于行人看不到安全出口，因此不能估算出行人所在的元胞位置与安全出口的距离，所以行人在选择下一步行走位置时，领域内的元胞位置对行人拥有相同的吸引力，即元胞位置与安全出口的静态距离值彼此是相等的。

因此，无疏散标志的人群疏散模型的静态领域参数值由式（5-1）计算。

$$S_{xy} = \begin{cases} \min\limits_{m}\{\min\limits_{n}[\sqrt{(x-x_n^m)^2+(y-y_n^m)^2}]\} \\ \qquad 元胞(x,y)在可见安全出口区域内 \\ M_1' \quad 元胞(x,y)在不可见安全出口区域内 \\ M_2' \quad 元胞(x,y)为墙 \end{cases} \tag{5-1}$$

式中：S_{xy}——元胞(x,y)的静态领域值；

(x,y)——元胞在疏散房间中的坐标；

(x_n^m,y_n^m)——第m个门内第n个元胞在疏散房间中的坐标；

M_1'——一个比较大的正数，说明行人不会从可见安全出口区域进入盲目区域；

M_2'——一个很大的正数，说明障碍物对行人几乎没有吸引力，且$M_1' < M_2'$。

行人的视野半径R有限，不可能对全局的疏散状态熟知，在不可见安全出口区域，行人只能看到视野半径R内的目标，而此范围内的元胞静态领域参数值相同，也就是说细胞领域内的方向参数值相同，此时行人会进行随机行走，但由于行人的从众效应，尤其是在行人视野半径受影响及对疏散环境不熟悉时，行人往往会倾向于往疏散行人较多的方向移动。如图5-3所示，由于本书采用Moore型元胞自动机，即行人沿自己领域内的八个方向行走，因此将行人的视野范围进行八等分（角度为45°），每一部分的扇形分别对应各个角度方向，行人会根据每个角度方向内的行人数量选择跟随行为。因此，本书引入了从众参数Z_{ij}来反映从众现象。

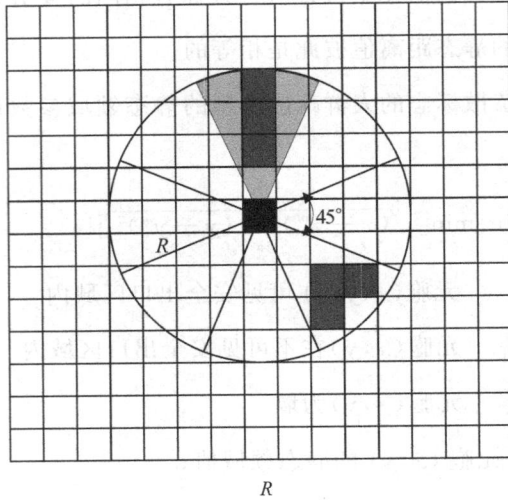

图 5-3　行人视野角度的划分

$$Z_{ij} = \frac{N_\varepsilon'}{\sum\limits_{\varepsilon=1}^{8} N_\varepsilon'} \tag{5-2}$$

式中：Z_{ij}——从众参数；

　　　N_ε'——沿某一视野角度方向的行人数量；

　　　$\sum\limits_{\varepsilon=1}^{8} N_\varepsilon'$——视野半径内的行人总量。

根据以上分析，本书建立了无疏散标志的人群从众疏散模型

$$P_{ij} = \begin{cases} D_{ij} + E_{ij} & \text{行人在可见安全出口区域} \\ D_{ij} + E_{ij} + Z_{ij} & \text{行人在不可见安全出口区域} \end{cases} \tag{5-3}$$

模型可以理解如下：

在可见安全出口区域内，疏散模型只从方向参数和空格参数两个方面进行考虑，即从行人移动特性和空格选择特性两个方面进行考虑，因为此时行人已经可以看到安全出口，在紧急情况下行人期望以最短的疏散路径离开疏散空间，故在此区域内只考虑方向参数和空格

参数两个方面。

在不可见安全出口区域内，行人对全局的疏散情况状况并不了解，只能观测到视野半径范围之内的动态信息，因此模型从方向参数、空格参数和从众参数三个方面进行考虑，行人在此区域内选择跟随他人进行移动，即从众效应，直到行人到达可见安全出口区域为止。

（2）演化规则

无疏散标志的人群从众疏散模型采用并行更新机制，在模型的演化规则中，每个行人都必须遵守如下行人移动规则。

第一，在每个时间步长内，行人或等待，或以 1 元胞/步的速度向自己周围的八个方向移动。

第二，疏散行人在选择自己的下一步目标位置时，选择拥有最大收益值的位置 P_M[$P_M = \max(P_{ij})$] 作为自己下一步的目标位置。

第三，在可见安全出口区域，行人会根据自身与安全出口的位置，选择最短的疏散路径进行疏散，如果此过程中出现冲突问题，则按照第 4 章所提出的冲突处理方式进行解决。

第四，在不可见安全出口区域，行人会根据视野半径内的行人数量，选择行人较多的方向进行从众疏散，直到到达可见安全出口区域为止。

第五，在不可见安全出口区域，当移动领域内存在多个拥有移动效益最大值的元胞位置时，行人在这些元胞中以相同的概率随机选择一个元胞作为自己的下一步目标位置。

第六，在不可见安全出口区域，当行人之间存在位置冲突时，即当多个行人同时竞争一个空闲位置时，系统将会以相等概率随机选择一个行人占据该位置。

第七，当疏散行人从不可见安全出口区域进入可见安全出口区域之后，行人的移动目标为安全出口，不会再次进入不可见安全出口区域。

第八，当疏散行人移动到门内时，在下一时间步长内，行人将移出系统内，此时行人将离开房间。

第九，当疏散房间内的所有行人都离开系统后，房间内没有行人存在，仿真过程结束。

（3）模型模拟分析

为了显示本节所建的无疏散标志情况下的人群从众疏散模型的优越性，本书将其与 Guo 等所提出的模型进行了对比（图 5-4），假设模型的初始状态相同（系统规模 $W=20$，出口宽度 $L=1$），从图中可以看出随着行人密度的增加，行人疏散时间增加，这与第 4 章所得结论相同；Guo 等所提出的模型假设行人的可视范围为 0，即行人的视野

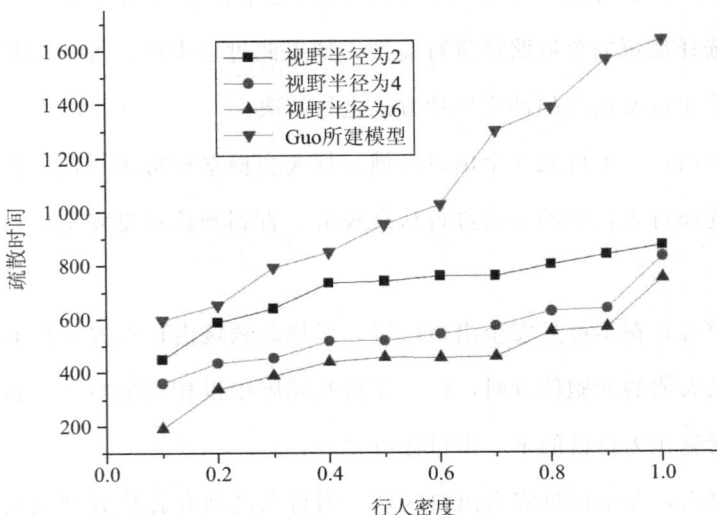

图 5-4 无疏散标志模型与以往模型的比较

半径为 0，此时行人并不知道周围的动态信息，只是凭借记忆和感觉进行疏散；而当引入行人视野半径之后，随着行人视野半径的增加，行人疏散时间减少，这是因为随着视野半径的增加，行人可视范围增大，可以看到周围更多行人的疏散情况，并根据周围的行人数量选择疏散行为，因此疏散时间减少。根据比较发现，本书所建立的模型可以有效地减少疏散时间，具有一定的优越性。

图 5-5 描述了无疏散标志情况下的人群从众疏散的疏散时间、行人视野半径与行人密度的相互关系（$W = 20$，$L = 1$）。从图上可以看出，随着行人视野半径的增加，疏散时间总体上呈下降趋势。这是因为在无疏散标志的人群从众疏散的过程中，由于视野半径越大，行人进入可见区域的可能性就越大，因此时间上会有所减少。由于模型假设的行人移动规则是在不可见安全出口区域为从众行走，因此在视野半径较小时，行人往往是随着多数行人盲目地移动，通过模拟可以发现，经常是一部分行人已经早早地离开了疏散

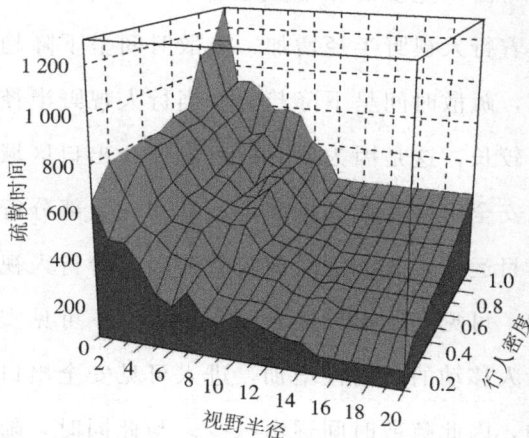

图 5-5　无疏散标志情况下疏散时间、行人视野半径与行人密度的

相互关系（$W = 20$，$L = 1$）

空间，但是仍有小规模的行人还在不可见安全出口区域"毫无目的"地移动，直到到达可见安全出口区域之后才有目的地离开疏散空间，因此疏散时间会有一定程度上的波动。当视野半径增大时，行人对疏散空间的全局状况有了一定程度上的了解，此时不可见安全出口区域较小，可见安全出口区域较大，几乎所有行人的移动不再具有盲目性，而是具有明确的目标方向，即安全出口方向，此时模型与无阻碍情况下的疏散模型类似，疏散时间较为稳定。而随着行人密度和视野半径的增加，疏散时间从最开始时的较大波动逐步转化为趋向平缓，这是因为虽然行人有更大的概率进入可见安全出口区域，但是由于行人数量的增加，同时存在于可见安全出口区域和不可见安全出口区域内的行人也会相应地增多，短时间内大部分行人会积聚在安全出口附近，此时决定疏散时间的因素不是行人的视野半径，而是安全出口的通行能力。

图 5-6 描述了无疏散标志情况下的人群从众疏散的疏散时间、行人视野半径与出口宽度的相互关系（$W=20$，$K=0.5$）。从图上可以看出，随着行人视野半径增加，疏散时间呈下降趋势；随着出口宽度的增加，疏散时间呈下降趋势。当行人视野半径较小时，行人的疏散时间较长，这是因为此时的可见安全出口区域较小，所以行人进入可见安全出口区域的概率也就减小，大部分行人都在跟随着其他行人盲目运动，故疏散时间较长；而随着行人视野半径和出口宽度的增加，可见安全出口区域面积增大，不可见安全出口区域面积减小，行人移动的目的性增加，进入可见安全出口区域的可能性也同时增加，因此疏散时间逐渐减少。与此同时，随着行人视野半径和出口宽度的增加，疏散时间的波动逐步减小并趋于稳定。状态稳定时，出口宽度与疏散时间满足负指数关系，这与第 4 章所得结论相同。

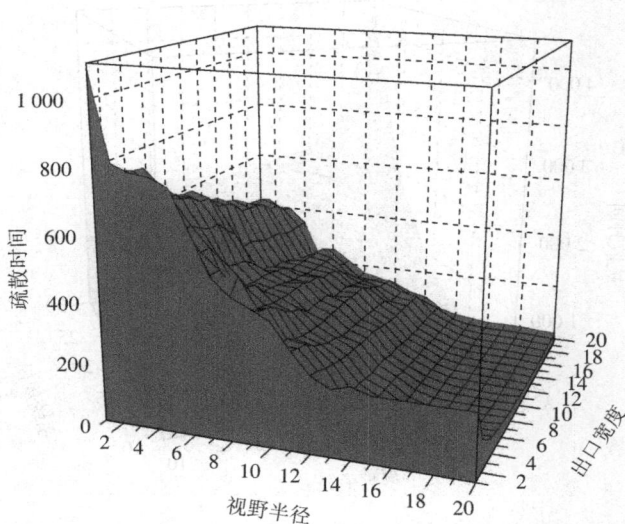

图 5-6 无疏散标志情况下疏散时间、行人视野半径与出口宽度的

相互关系 ($W=20$，$K=0.5$)

图 5-7 描述了无疏散标志情况下的人群从众疏散的疏散时间、行人视野半径与系统规模的相互关系 ($L=3$，$K=0.3$)。从图中可以看出，当系统规模较小时，随着视野半径的增加，疏散时间基本没有变化，这是因为系统规模本身较小，行人随机运动进入可见安全出口区域的概率增加，因此视野半径的增加对疏散时间的影响较小；随着系统规模的增加，可见安全出口区域相对减小，行人从众疏散时进入此区域的概率减小，因此疏散时间增加，但是当视野半径达到一定值时，疏散时间没有明显变化，这是因为此时盲目移动区域较小，行人可以很快地聚集到安全出口，而此时的行人疏散时间往往依赖于安全出口的设计流量。

图 5-8 为系统规模 $W=20$、出口宽度 $L=10$(单个)、行人密度 $K=0.3$、行人视野半径 $R=10$ 时视线受影响的无疏散标志情况下的

图 5-7　无疏散标志情况下疏散时间、行人视野半径与系统规模的

相互关系（$L=3$，$K=0.3$）

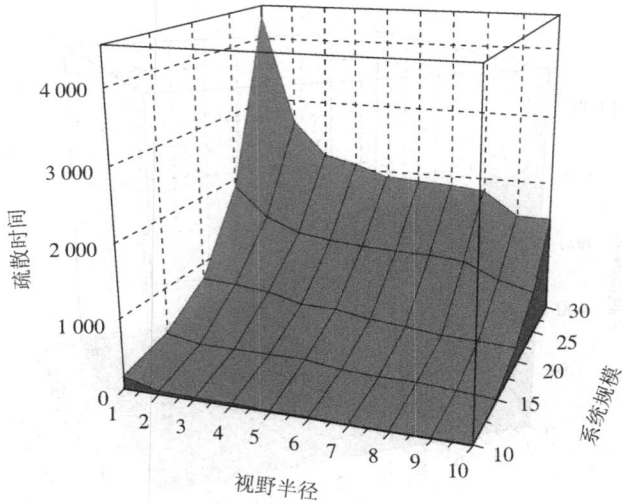

(a) $t=0$　　　　　　　(b) $t=20$　　　　　　　(c) $t=50$

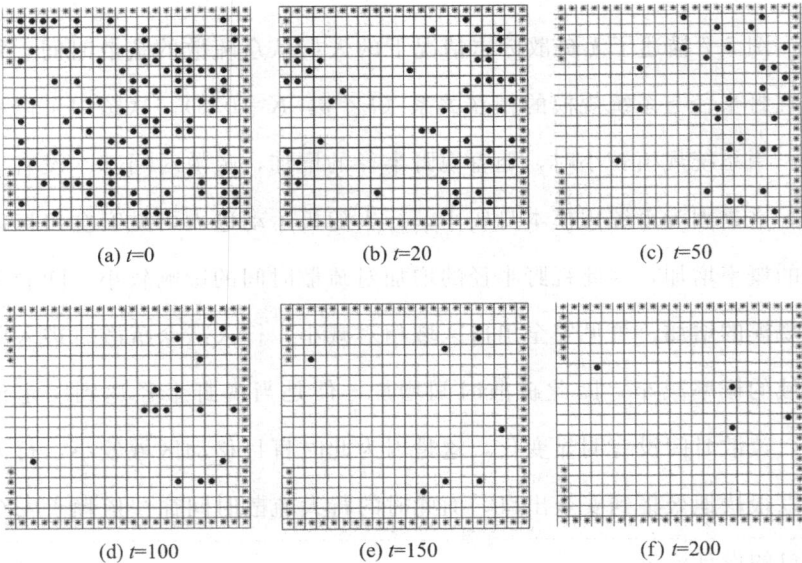

(d) $t=100$　　　　　　(e) $t=150$　　　　　　(f) $t=200$

图 5-8　无疏散标志的人群从众疏散（$W=20$，$L=10$，$K=0.3$，$R=10$）

人群从众疏散模拟图。从图中可以看出，初始时刻行人随机分布在疏散空间内（安全出口内不设置行人），模拟开始后，在可见安全出口区域的行人首先离开疏散空间，在不可见安全出口区域的行人选择跟随其他行人进行疏散。随着模拟的进行，行人逐渐从不可见安全出口区域移动到可见安全出口区域，进而离开疏散空间，直到最后一个行人离开疏散空间，则仿真过程结束。

5.1.2 有疏散标志的人群疏散模型

Nagai 等模拟了行人在视野受影响情况下的运行轨迹。模型假定行人采取沿墙疏散的原则，即行人一直是沿着某个固定方向移动的，直到触摸到墙体位置，然后沿着墙体做顺时针或者逆时针运动，最后通过安全出口离开房间。但本书认为，由于行人视野半径的引入，行人在一定范围之内就可以看到墙体，在看到墙体之后行人就可以按照墙体的方向进行疏散，并不一定非得要触摸墙体移动。另外，在一些疏散空间内往往会安装疏散指示标志，行人在看到墙体后，可以通过疏散指示标志来选择疏散方向，避免了由于方向选择的盲目性而导致的疏散时间增加。根据以上分析，本书将不可见安全出口区域又细分为可见墙体区域和不可见墙体区域（图 5-9）。

（1）模型的建立

在有疏散标志的人群疏散模型中，行人在不可见墙体区域内随机选择一个方向移动；到达可见墙体区域后行人按照疏散标志沿着墙体移动，因为疏散房间的安全出口是设立在墙体上的，所以行人按照疏散标志的指示方向沿着墙体移动，一定会找到安全出口。行人到达可见安全出口区域后，按照正常的行人疏散规则进行疏散（图 5-10）。

以往的模型假定行人到达墙体后，通过触摸墙体进行移动，

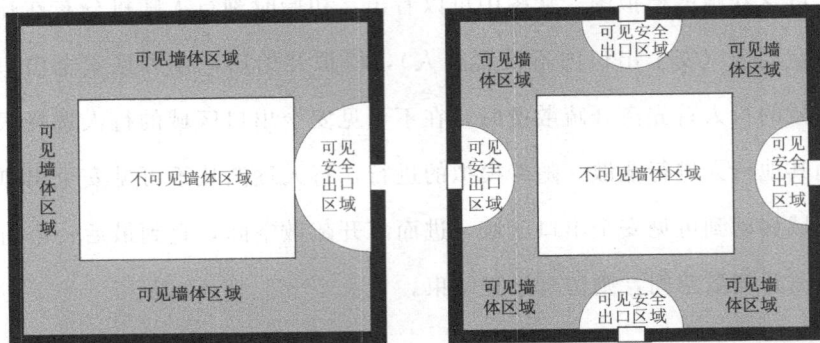

图 5-9　在疏散房间内不同区域的划分

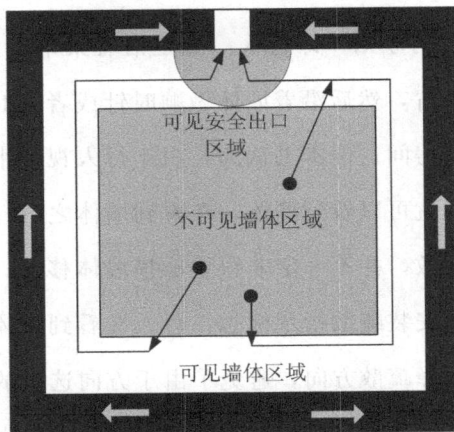

图 5-10　疏散行人遵循疏散指示标志进行疏散

也就是说在疏散空间内的每个行人都必须到达墙体并且触摸墙体后再移动，而且沿墙体移动的方向是随机的（如图 5-11 所示，在Nagai 模型里，行人 2 最初的沿墙体运动可能是远离出口方向的）；而本节所建立的疏散模型，由于考虑了行人的视野半径，因此在行人沿墙体疏散过程中并不需要通过触摸墙体进行疏散。另外，由于疏散标志的引进，行人可以很明确地知道自己的疏散方向，不会出现反向行走的现象（如图 5-11 所示，在本节所建立的模型当中，行人 3 和行人 4 在不可见墙体区域内沿某一固定方向移动，由于视野半径的影响，到达可见墙体区域后，沿着疏散标志的指示方向进行疏散）。

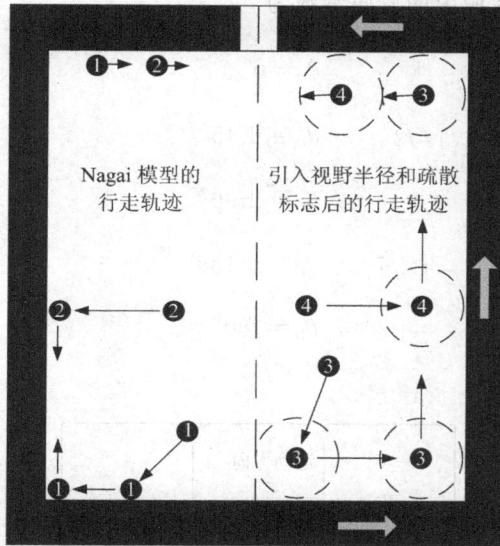

图 5-11　行走轨迹的比较

左侧为 Nagai 模型，右侧为本书模型

在有疏散标志的人群疏散模型中，由于在不同区域内行人移动的目的地和方向互不相同，因此模型假设在不同的疏散区域行人拥有不同的移动特性，所以在不同的疏散区域内方向参数的计算方法也不相同。

第一，可见安全出口区域的方向参数的计算。行人在可见安全出口区域内，元胞的静态距离是元胞位置与安全出口之间的欧氏距离，参见公式（4-1），移动领域内的方向参数参见公式（4-2）。

第二，行人在不可见墙体区域内的方向参数计算。在不可见墙体区域内，在下一时间步行人有八个可选择的移动方向，行人随机选择其中一个方向并保持方向不变，直到到达可见墙体区域为止。为了更好地描述这一现象，本书引入方向角度 θ_D，表示行人随机选择一个方向进行移动时沿逆时针方向与行人运动方向的夹角（图 5-12），因此在不可见墙体区域内的方向参数为

$$D_{ij} = \begin{cases} 1 & \theta_D = 0° \\ 1/\sqrt{2} & \theta_D = \pm 45° \\ 0 & \theta_D = \pm 90° \\ -1/\sqrt{2} & \theta_D = \pm 135° \\ -1 & \theta_D = 180° \end{cases} \tag{5-4}$$

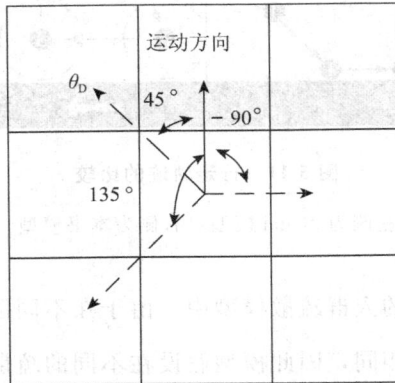

图 5-12　方向角度 θ_D

第三，行人在可见墙体区域内的方向参数计算。在可见墙体区域内，行人按照疏散标志的方向，沿墙体做顺时针或者逆时针方向的平行移动。因此，在不靠近墙体和不可见墙体区域时，行人的方向参数按照公式（5-4）计算；而当行人的位置与墙体或不可见安全出口区域相邻时，方向参数如图 5-13 所示。

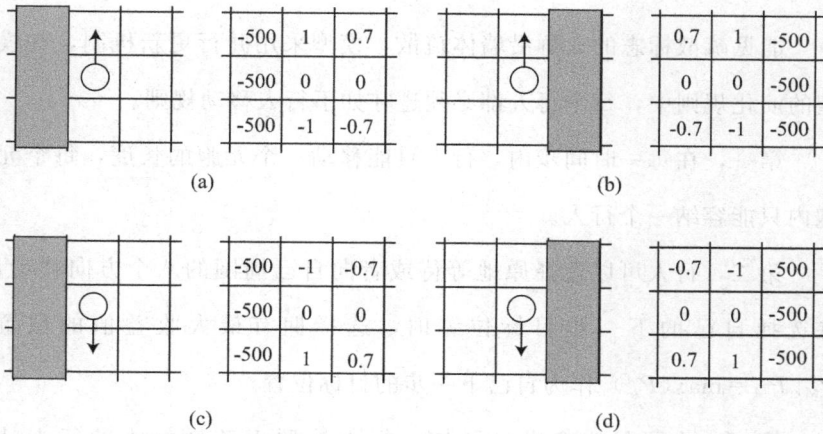

图 5-13　行人在可见墙壁区域内的移动方向及其相应的方向参数

根据以上分析，本书建立了有疏散标志的人群沿墙疏散模型

$$P_{ij} = D_{ij} + E_{ij} \tag{5-5}$$

模型可以理解如下：

第一，在可见安全出口区域，行人可以看到安全出口的位置，此时行人想通过最短的疏散路径离开疏散空间，因此模型只考虑了方向参数和空格参数。

第二，在可见墙体区域，模型会根据行人是否临近墙体给出相应的方向参数值。如果不靠近墙体或在不可见墙体区域，行人可以根据邻域内元胞占有的情况，动态地选择八个位置中的一个方向作为自己的移动目标（或保持位置不变）；而如果靠近墙体或在不可见墙体区域，模型给出一个绝对值较大的负方向参数值，保证行人不会向墙体或不可见墙体方向移动。

第三，在不可见墙体区域，行人会随机选择一个方向移动，并始终保持着这个运动方向，直到到达可见墙体区域为止。

（2） 演化规则

能见疏散标志的人群沿墙体疏散，模型采用并行更新机制，在模型的演化规则中，每个行人都必须遵守如下行人移动规则。

第一，在每一时间步内，行人只能移动一个元胞的长度，每个元胞内只能容纳一个行人。

第二，行人可以选择原地等待或者向自己周围的八个方向移动，在选择自己的下一步目标位置时，选择拥有最大收益值的位置 $P_M[P_M=\max(P_{ij})]$ 作为自己下一步的目标位置。

第三，在可见安全出口区域，行人按照无疏散标志的行人从众疏散模型中所提出的在可见安全出口区域内的演化规则进行疏散。

第四，在不可见墙体区域，行人随机选择一个疏散方向，并始终保持着这个运动方向，直到到达可见墙体区域为止；当移动领域内存在多个拥有移动效益最大值的元胞位置时，行人以相同的概率随机选择一个元胞作为自己的下一步目标位置；当多个行人同时竞争一个空闲位置时，模型以相等概率随机选择一个行人占据该位置。

第五，在可见墙体区域，行人会根据疏散标志的方向沿墙做顺时针方向或者逆时针方向的运动，直到到达可见安全出口区域为止；如果此时出现冲突的情况，则按照在不可见墙体区域内的冲突处理规则进行疏散。

第六，当疏散行人从可见墙体区域或不可见墙体区域进入可见安全出口区域之后，行人的移动目标为安全出口，不会再次进入可见墙体区域和不可见墙体区域。

第七，当疏散行人移动到安全出口时，在下一时间步行人将离开疏散空间。

第八，当疏散空间内的所有行人都离开系统后，仿真过程结束。

（3）模型模拟分析

为了显示本节所建的有疏散标志的人群沿墙疏散模型的优势，本书将其与 Nagai 等所提出的模型进行了对比（图 5-14），从图上可以看出，由于视野半径和行人疏散标志的引进，行人的疏散时间减少了，这是因为：视野半径的引入，行人在一定视野距离之内就可以沿墙移动，而不需要通过触摸墙体来进行疏散；此外，疏散标志的引入，行人在沿墙体疏散时，方向选择的盲目性减少了，行人会根据疏散标志的提示，合理地选择疏散方向，因此疏散时间减少。另外，从图中还可以看出，随着视野半径的增加，行人的疏散时间相应地减少，这与上一节所得结论相同。

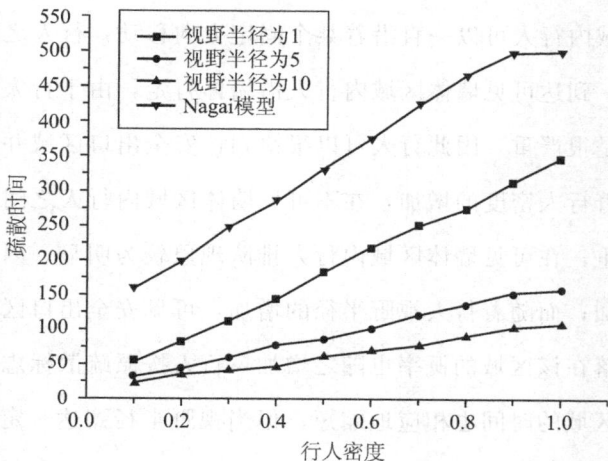

图 5-14　存在疏散标志的模型与以往模型比较

图 5-15 描述了有疏散标志情况下的人群沿墙体疏散的疏散时间、行人视野半径与行人密度的相互关系（$W=20$，$L=8$）。当行人密度较小时，随着视野半径的增加，疏散时间几乎没有变化，这是因为此

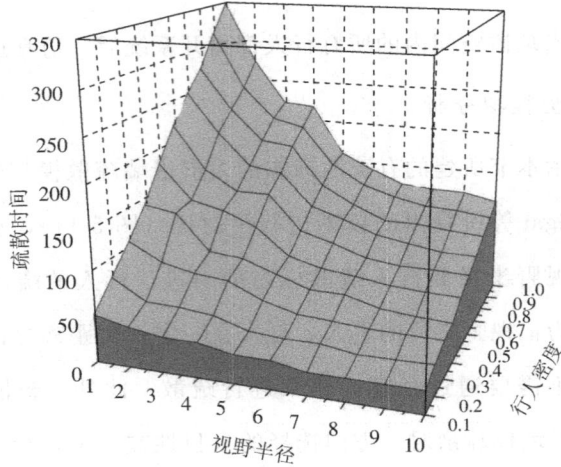

图 5-15　有疏散标志情况下疏散时间、行人视野半径与行人密度的

相互关系（$W=20$，$L=8$）

时处在不可见墙体区域内和可见墙体区域内的行人都比较少，在不可见墙体区域内行人可以一直沿着某个固定方向移动，行人之间的干扰程度较小，到达可见墙体区域内行人沿墙体行走，由于行人较少，排队现象不是很严重，因此行人可以很快到达安全出口区域并离开疏散空间。随着行人密度的增加，在不可见墙体区域内行人之间的相互干扰较为严重，在可见墙体区域内行人排队现象较为明显，因此疏散时间有所增加；而随着行人视野半径的增加，可见安全出口区域面积增加，行人落在该区域的概率也随之增加，行人按照疏散标志进入可见安全出口区域的时间也相应地缩短；但当视野半径到达一定值时，疏散时间会趋于稳定，不再随着视野半径的变化而有明显改变，这是由于虽然行人的视野半径的增加缩减了行人到达安全出口的时间，但在短时间内行人大量集聚在安全出口附近，此时的疏散时间长短依赖于安全出口的通行能力的大小，而对于固定宽度的安全出口而言，通行能力往往是固定的。

　　图 5-16 描述了在有疏散标志情况下的人群沿墙疏散的疏散时间、行人视野半径与出口宽度的相互关系（$W = 20$，$K = 0.3$）。从图中可以看出，当安全出口较小时，行人疏散时间几乎不随行人视野半径的变化而变化，这是因为在有疏散标志的疏散空间里，在不可见安全出口区域的行人通过疏散标志沿墙体移动，直至到达安全出口为止，而此时安全出口较小（尤其是当 $L < 3$ 时），安全出口被完全利用，虽然随着行人视野半径的增加，行人会更快地聚集在安全出口附近，但行人的快速聚集不会导致安全出口的通行能力有任何提升，因此疏散时间不会有明显的变化；随着安全出口行人的不断增加，疏散时间逐渐减少，但达到一定宽度后，疏散时间不会有明显变化，这与第 4 章所得结论相同，但是却有不同的物理意义，在有疏散标志的人群沿墙体移动的过程中，虽然行人的视野半径增加，但行人比较倾向于靠着墙体进行移动，因此到达安全出口区域后，安全出口两端的空格元胞被行人选择的概率较大，即安全出口的利用率较低，虽然安全出口的宽度有所增加，但疏散时间却没有明显的变化。

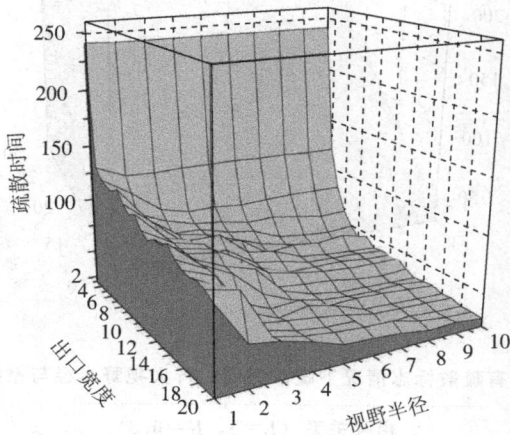

图 5-16　有疏散标志情况下疏散时间、行人视野半径与出口宽度的

相互关系（$W = 20$，$K = 0.3$）

图 5-17 描述了有疏散标志情况下的人群沿墙体疏散的疏散时间、行人视野半径与系统规模的相互关系（$L＝3$，$K＝0.3$）。从图中可以看出，随着行人视野半径的增加，疏散时间呈下降趋势；而随着系统规模的增加，疏散时间呈上升趋势，这与之前所得结论相同。图 5-18 为系统规模 $W＝20$，出口宽度 $L＝6$（单个），行人密度 $K＝0.3$，行人视野半径 $R＝2$ 时视线受影响的有疏散标志情况下的人群沿墙体疏散模拟图。从图中可以看出，初始时刻行人随机分布在疏散空间内（安全出口内不设置行人），模拟开始后，在可见安全出口区域的行人首先离开疏散空间，在不可见墙体区域，行人始终沿着某一固定方向进行移动，直到到达可见墙体区域为止 [图 5-18（b）]；进入可见墙体区域后，行人沿着有疏散标志的方向沿墙体疏散 [图 5-18（b）～（f）]，直到最后一个行人离开疏散空间，仿真过程结束。

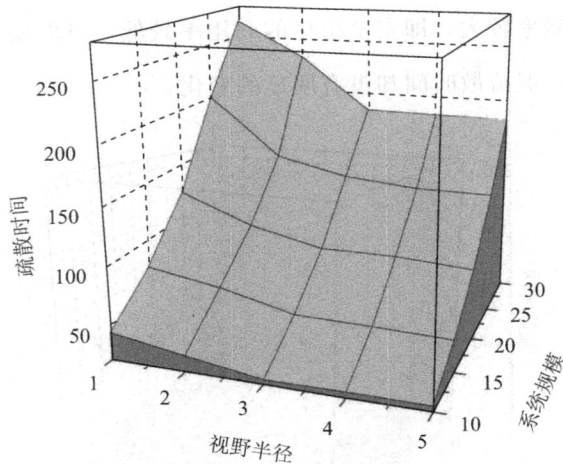

图 5-17　有疏散标志情况下疏散时间、行人视野半径与系统规模的相互关系（$L＝3$，$K＝0.3$）

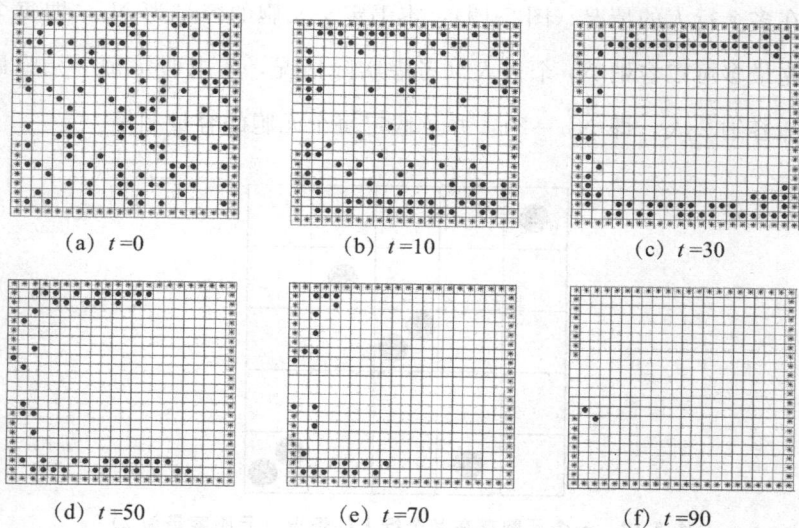

图 5-18　有疏散标志的人群沿墙体疏散模拟图 （$W=20$，$L=6$，$K=0.3$，$R=2$）

5.2　存在挤压情况的人群疏散模型

在以往的行人疏散研究当中，大部分模型假设每个元胞只能容纳一个行人，但本书认为在紧急疏散的情况下，由于行人的心理作用和受周围动态疏散环境的影响，行人可能产生恐慌并急于离开疏散环境，因此行人相互之间会发生挤压，这就会导致一个元胞内可能存在多个行人，但以往的研究并没有涉及此类情况，因此本节建立了存在挤压情况的人群疏散模型。

5.2.1　模型建立

在实际生活中，人们在受到突发事件或者焦急心理的影响下，为了急于离开疏散空间，常常产生相互挤压的情况，即一个元胞可能会存在多个行人的情况（图 5-19），本书定义元胞的容量为 N_J，即每个元胞最多可以容纳 N_J 个行人（考虑实际情况，本书假定每个元胞最多能容纳 2 人，即 $N_J = 2$），并且假定每个元胞的容量相等。

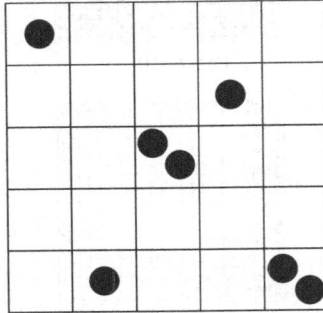

图 5-19　一个元胞存在多个行人的情况（元胞容量为 2）

在紧急疏散情况下，此时行人存在焦急心理，不一定能对最短疏散路径做出正确的判断，因此行人往往会采取跟随行为。在上一节中，本书引进了从众参数，表示行人会根据视野范围内的行人数量选择自己的移动方向，而在挤压情况下的行人疏散模型中，模型假定行人视野范围较好，可以看到安全出口附近的行人数量（图 5-20）。

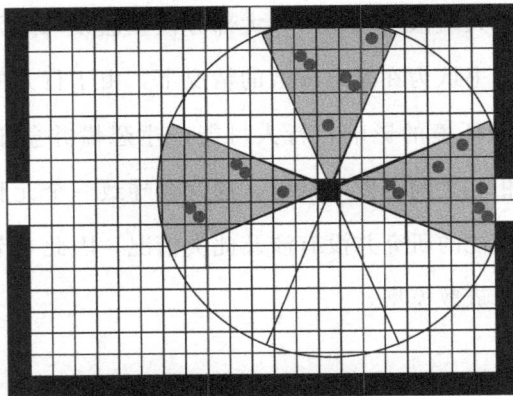

图 5-20　挤压情况下的行人视野半径

存在挤压情况的人群疏散模型综合考虑了方向参数和从众参数对行人疏散过程的影响，即从行人所在元胞位置与安全出口的距离及视野半径内的行人数量两个方面进行了分析。因此，存在挤压情况的人群疏散模型如下

$$P_{ij} = k_D \cdot D_{ij} + k_Z \cdot Z_{ij} \tag{5-6}$$

式（5-6）中，k_D 和 k_Z 为对应于方向参数和从众参数的权重系数，$k_D + k_Z = 1$。模型可以理解为在紧急疏散的情况下，行人会产生恐慌心理，不一定能做出正确的疏散决定，因此为了尽快离开疏散空间，行人除了考虑自己本身与安全出口的距离之外，同时还考虑了其他行人的运动状态，选择视野范围之内行人数量较多的方向进行疏散。

5.2.2 演化规则

存在挤压情况的人群疏散模型采用并行更新机制，在模型的演化规则中，每个行人都必须遵守如下行人移动规则。

第一，在每个时间步长内，行人或等待，或以 1 元胞/步的速度向自己周围的八个方向移动。

第二，将可选位置的移动收益值进行降序排列（如图 5-21 所示，移动收益值的降序排列以逆时针为例）。

如果中心元胞只有一个行人（图 5-22），疏散行人在选择自己的下一步目标位置时，首先选择拥有最大收益值的位置作为自己下一步的目标位置，如果该元胞的容量已经达到最大，则选择次最大移动收益值的位置进入，如果该位置的元胞容量也达到最大，则寻找第三位的移动收益值位置进入，以此类推，直到行人有位置进入为止（或者保持原位置不动）。但在此过程中要保证移动收益值大于等于 0，因为

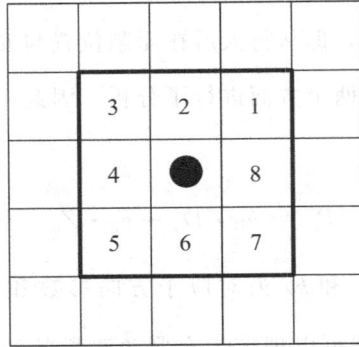

图 5-21　移动收益值的排序 （以逆时针为例）

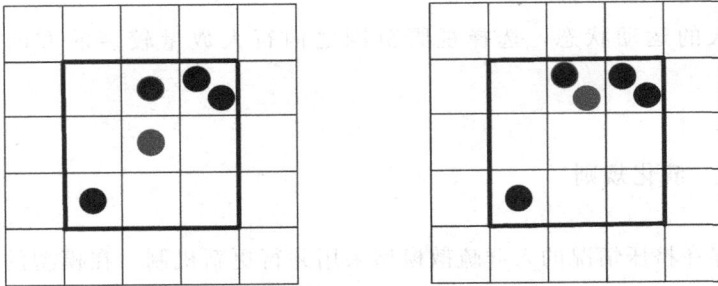

图 5-22　中心元胞只有一个行人时的位置选择

行人不会选择进入移动收益值为负数的位置，即保证行人的每一步选择都是有利的。

如果中心元胞有两个行人（图 5-23），首先看拥有最大移动收益值的位置元胞内的行人数量：如果行人数量为 0，那么中心位置元胞内的两个行人皆进入该元胞；如果只有一个行人，那么中心位置元胞内的两个行人以相同概率进入该元胞，剩下的那个行人按照中心元胞只有一个行人时的方式继续进行位置选择；如果该位置已达最大容量，则继续按移动收益值的排序进行寻找，考虑次最大移动收益值的位置元胞内的行人数量。方法如上所述，以此类推，在此过程中也需保证移动收益值大于等于 0。

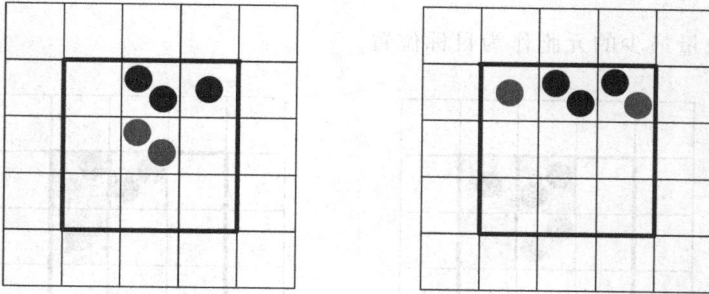

图 5-23 中心元胞有两个行人时的位置选择

第三，疏散行人选择下一目标位置，当移动领域内存在多个拥有移动收益最大值的元胞位置时，存在下列情况：

如果中心元胞只有一个行人（图 5-24），那么行人会根据这几个元胞内的行人数量，在不超过细胞容量的基础上，选择行人数量最少的元胞作为下一时间步的目标位置；如果这些元胞的容量已达到饱和，那么行人将会选择其他位置或者保持位置不变。

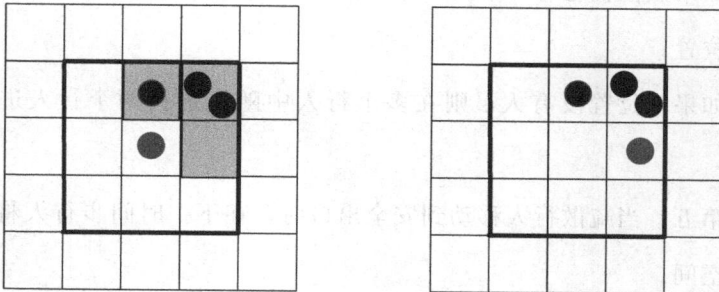

图 5-24 中心元胞只有一个行人时拥有多个移动收益最大值的元胞位置选择

如果中心元胞有两个行人（图 5-25），那么首先看这几个元胞内的行人数量，如果容量皆达到饱和，那么行人选择其他位置或者保持位置不变；如果几个元胞容量没达到饱和，并只能让一个行人进入，那么在中心元胞内随机选择一个行人进入，另一个行人选择其他位置或者保持位置不变；如果可以让两个及两个以上的行人进入，则选择行人数量最少的元胞作为目标位置。

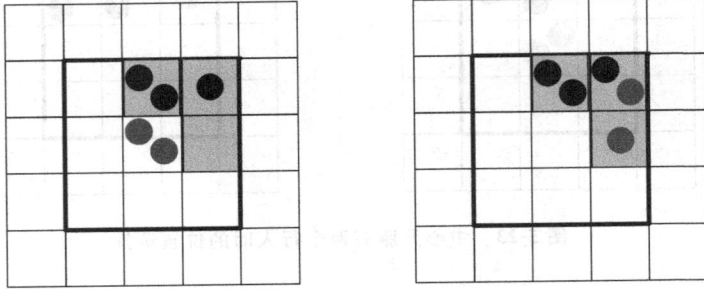

图 5-25   中心元胞有两个行人时拥有多个移动收益最大值的元胞位置选择

第四，在模型演化过程中，由于存在多个行人同时竞争一个位置，存在下列情况：

如果该位置已有两个人，那么行人会选择其他位置或保持位置不变。

如果该位置已有一个人，那么在多个行人中随机选择一个行人进入该位置。

如果该位置没有人，则在多个行人中随机选择两个行人进入该位置。

第五，当疏散行人移动到安全出口时，在下一时间步行人将离开疏散空间。

第六，当疏散空间内的所有行人都离开系统后，仿真过程结束。

5.2.3　模型模拟分析

图 5-26 分析了疏散时间、从众参数相对应的权重系数 k_z 与行人密度之间的关系图（$W=20$，$L=1$，四个门），从图中可以看出，

随着行人密度的增加，疏散时间呈线性增长，其所得结论与上一章所得结论相同。起初，随着 k_z 的增加，疏散时间逐渐减少，这是恐慌等心理作用对行人疏散的影响。行人在疏散过程中除了考虑距安全出口的距离之外，还应考虑从众效应，行人会跟随大部分的行人进行移动，随着 k_z 的增加，从众参数在移动收益当中所占的比重也逐渐增加，因此行人离开疏散空间的时间有所减少。然而随着 k_z 的进一步增加，行人对从众行为的依赖性增强，此时行人往往只考虑周围行人的运动方向，而对距安全出口的距离的关注相对减少，这就会导致盲目跟随的现象发生，因此疏散时间会逐渐增加。根据以上分析和图 5-26 可知，当 $k_z=0.4$ 时，疏散行为较为合理且疏散时间较少。

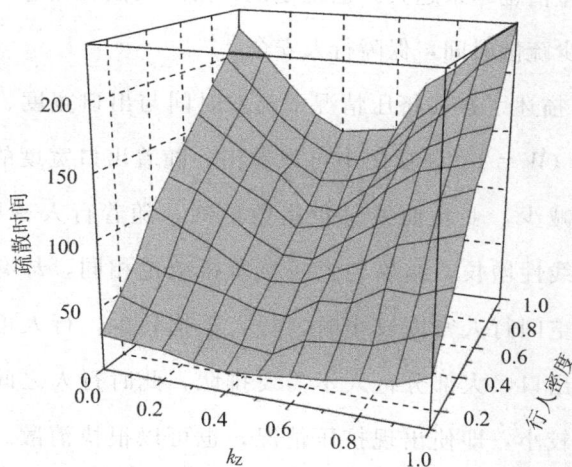

图 5-26　疏散时间、k_z 与行人密度的相互关系（$W=20$，$L=1$，四个门）

为了验证本节所建模型在紧急疏散情况下的优势，本书将其与岳昊及 Varas 等所提出的模型进行了对比（如图 5-27 所示，$W=20$，$L=1$，四个门）。通过比较可以发现，本书所建的挤压模型的疏散时间远远小于其他模型的疏散时间，并且随着行人密度的增长，与以往

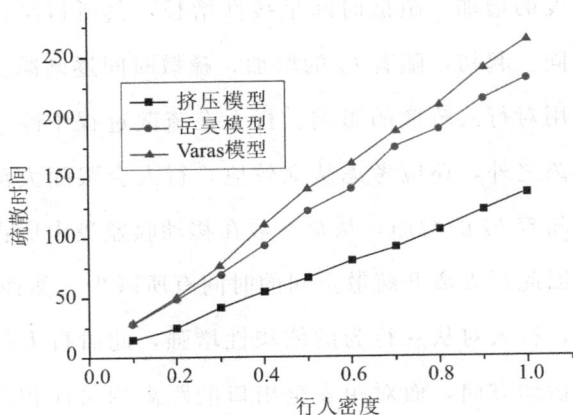

图 5-27 本书所建挤压模型与岳昊、Varas 所提出的模型比较
（$W=20$，$L=1$）

模型之间的差值也越来越大，也就是说，挤压模型在紧急疏散情况下可以有效减少疏散时间，保障行人安全。

图 5-28 描述了存在挤压情况下疏散时间与出口宽度、行人密度的相互关系（$W=20$）。从图中可以看出，随着出口宽度的增加，疏散时间相应减少，变化曲线呈负指数形式；随着行人密度的增加，疏散时间呈线性增长，结果与上一章所得结论相同，却有不同的含义。当疏散空间行人密度较小时，行人干扰较少，行人可以很轻松地到达安全出口，大部分行人不需要排队，此时行人之间出现相互挤压的概率较小，即使出现挤压情况，也可以很快消散。随着行人密度的增加，处在挤压情况下的行人增多，行人之间的相互干扰也逐渐变多，因此疏散时间逐渐增加。而随着出口宽度的增加，行人可以通过最短路径和从众行为很快地离开疏散空间，因此疏散时间相应减少。当出口宽度达到一定值后，随着出口宽度的增加，疏散时间几乎没有变化，这是因为此时安全出口的利用率已经达到了饱和。

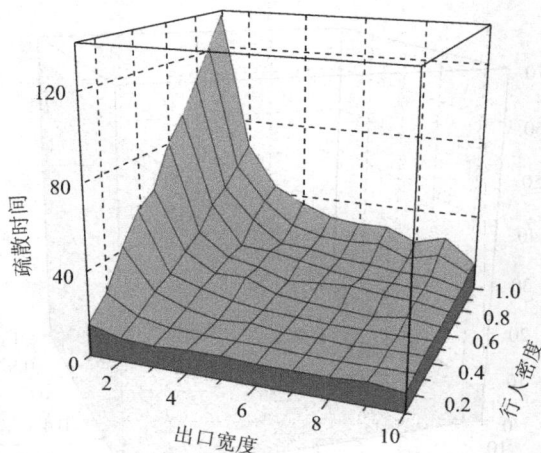

图5-28　挤压情况下疏散时间与出口宽度、行人密度的

相互关系（W＝20）

图5-29描述了存在挤压情况下疏散时间与系统规模、行人密度的相互关系（L＝5）。从图中可以看出，随着系统规模的增加，疏散时间也相应地增加，这是因为系统规模的增加意味着行人的疏散路径增加了，尤其是在行人密度较大时，行人急于离开疏散空间，行人之间的相互干扰增强，相互挤压的现象较为明显，因此导致疏散时间的增加。图5-30为系统规模W＝20，出口宽度L＝5（四个门），行人密度K＝1，元胞容量N_J＝2时存在挤压情况下人群疏散模拟图，模拟初始时，行人均匀分布在疏散空间内［图5-30（a）］，随着模拟的进行，行人在考虑方向参数和从众参数的基础上，即考虑与安全出口的距离和视野范围内的行人数量的基础上，选择下一时间步的移动位置［图5-30（b）和（c）］，直到最后一个行人离开疏散空间位置，仿真过程结束。

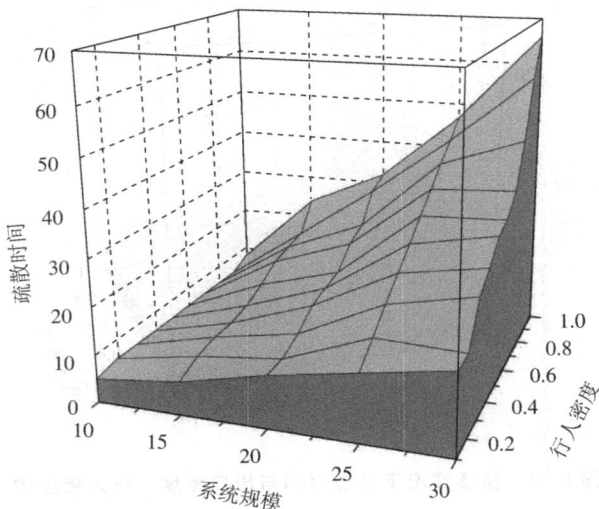

图 5-29　挤压情况下疏散时间与系统规模、行人密度的相互关系（$L=5$）

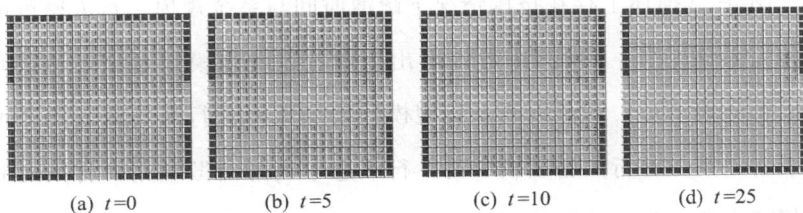

(a) $t=0$　　　　(b) $t=5$　　　　(c) $t=10$　　　　(d) $t=25$

图 5-30　存在挤压情况下人群疏散模拟图（$W=20$，$L=5$，$K=1$）

5.3　发生火灾情况下的人群疏散模型

　　发生火灾情况下的人群疏散受诸多因素的影响，包括火灾蔓延时间、火灾的位置、出口分布和宽度、行人密度、系统规模等。只有将这些因素对发生火灾情况下人群疏散过程和疏散时间的影响进行分析研究，探索出相应的人群疏散的规律和特征，才能及时、有效地应对发生火灾情况下的人群疏散，从而减少人员伤亡。郑营在传统的 F-F 模型的基础上，引入了火灾场强的概念，提出了适用于火灾环境下的 F-F 扩展模型，分析了无阻碍情况下和有阻碍情况下的火灾蔓延速度、火灾发生位置等因素对疏散过程的影响，虽然模拟效果较为合理，但对于各个参数的标定较为主观，各场强的计算也较为烦琐。基于以上分析，本节提出了发生火灾情况下存在挤压的人群疏散模型，模型结合了存在挤压情况下的人群疏散理论，用以模拟人群在发生火灾情况下的疏散行为，在保证结果准确性的同时，使得计算过程简单合理并符合实际。

5.3.1 模型建立

火灾的发生，会导致行人产生恐慌心理，迫使其急于找寻最短路径或是以最少时间离开疏散空间，因此行人在考虑自己本身与安全出口的距离的同时，也会根据周围行人的动态信息选择跟随行为，此时行人之间将会发生挤压，因此结合上一节研究的内容，本节建立了在火灾发生情况下存在挤压的人群疏散模型。

发生火灾后，疏散空间内的元胞位置到安全出口的距离值将会发生变化，行人向周围元胞移动过程中会受到火灾的影响，因此与正常情况下的静态距离值有所差异。显然，火灾对其附近的行人运动具有排斥作用，使得行人倾向于向远离火灾的方向运动，距离着火区域边缘越近，排斥作用越大。为了准确地描述这种排斥现象，本书引进了动态领域参数值，因此疏散空间内元胞位置的领域值由基于欧氏距离的静态领域参数值和基于火灾蔓延时间的动态领域参数值两方面构成。

$$S_Q = S_{xy} + S_{fire} \tag{5-7}$$

$$S_{fire} = \begin{cases} 0; & \text{无火灾区域} \\ M_{fire}; & \text{发生火灾区域} \end{cases} \tag{5-8}$$

式中：S_Q——发生火灾情况下的总的领域值；

S_{xy}——疏散空间的静态领域值；

S_{fire}——疏散空间火灾区域的动态领域值；

M_{fire}——非常大的正数，使得行人不会靠近火灾区域。

模型假设火灾以 T_{fire} 个时间步向周围八个方向（移动领域范围内）扩散一个元胞长度，即火灾的蔓延时间为 T_{fire}。模型假设火灾发生的位置是随机的，并按照 T_{fire} 进行动态值的更新。图 5-31（b）是火灾发生的位置为（6，7），$T_{fire}=3$ 时，第四个时间步的总的领域值。

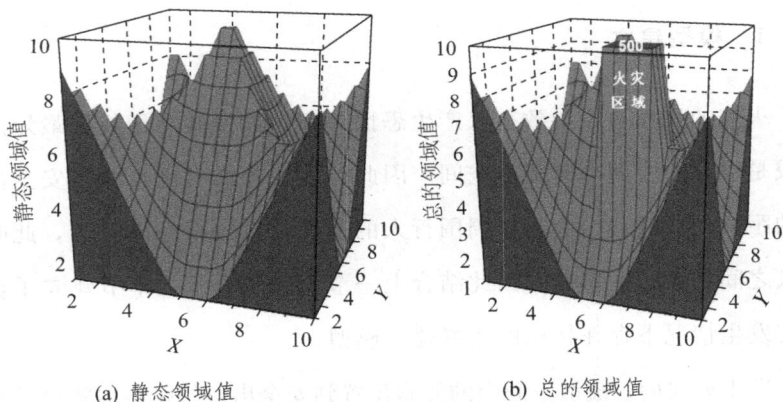

(a) 静态领域值   (b) 总的领域值

图 5-31　四个门时的领域值（$W=20$）

基于以上分析，本节建立了火灾发生情况下存在挤压的人群疏散模型，模型假定火灾以 T_{fire} 个时间步向周围扩散，疏散空间内总的领域值会随着火灾范围的变化而变化，行人一旦进入火灾区域则视为死亡，模型形式与公式（5-6）相同，行人根据方向参数和从众参数的加权之和来寻找下一时间步的位置，即行人会根据与安全出口的距离、发生火灾的区域及周围的行人数量来进行疏散。

5.3.2　演化规则

火灾发生情况下存在挤压的人群疏散模型采用并行更新机制，在模型的演化规则中，每个行人都必须遵守如下行人移动规则。

第一，在每个时间步长内，行人或等待，或以 1 元胞/步的速度向自己周围的八个方向移动。

第二，根据疏散空间内总的领域值求出方向参数值；根据视野范围内的行人数量计算出从众参数值。其中，火灾区域的动态领域值按照 T_{fire} 个时间步进行更新。

第三，行人移动领域内的九个备选位置都拥有自己的移动收益，移动收益值为方向参数和从众参数的加权之和，行人会根据移动收益来选择自己下一步的目标位置。

第四，行人不在火灾区域内时，行人的行走规则及发生冲突时的处理方式按照上一节（存在挤压情况的行人疏散）的演化规则进行；行人在火灾区域内时，模型假定行人死亡，行人也不会离开此区域。

第五，当疏散行人移动到门内时，在下一时间步长内，行人将移出系统，此时行人将离开房间。

第六，当疏散房间内的所有疏散行人都离开系统后，房间内没有行人存在，仿真过程结束。

5.3.3　模型模拟分析

本节将火灾发生情况下存在挤压的人群疏散模型和郑营改进的 F-F 模型进行了对比（如图 5-32 所示，$W=12$，$L=2$，四个门）。通过比较可以发现，本书所建模型不仅在疏散时间上有所减少，而且在行人死亡人数上也相应地减少。这是因为：郑营模型采用 von Neumann 型的元胞自动机进行疏散，即行人只能向上、下、左、右四个方向移动，而本模型是采用 Moore 型元胞自动机的演化规则，即行人可以向周围八个方向进行移动，因此下一步的可选位置增加，行人会根据邻域内的移动收益值来选择最有利的位置，所以疏散时间有所减少。另外，郑营模型假定每个元胞只能容纳一个行人，行人之间存在相互的斥力，而本书所建模型假定每个元胞可以容纳多个行人（本书假定元胞容量为 2），当发生紧急情况时，行人急于离开疏散空间，因此不免发生相互挤压的情况，而当元胞容量增大时，元胞空间的利用率提高了，行人可以很快地到达安全区域或离开疏散空间，因此死亡人数也相应地减小了。

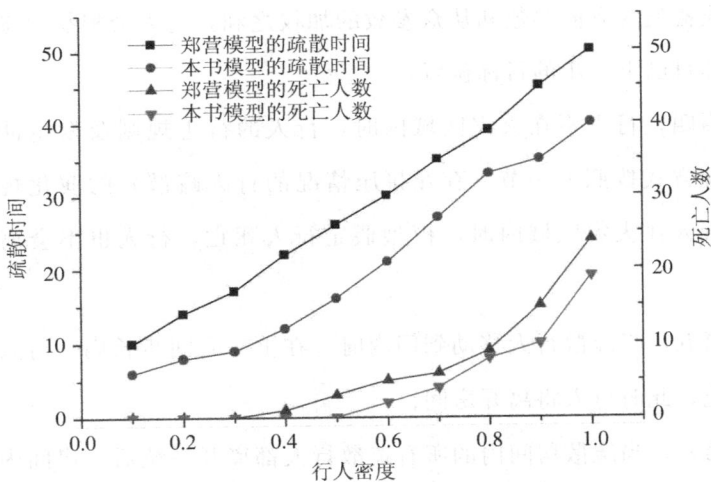

图 5-32　本书所建模型与郑营所提出的模型比较（$W=12$，$L=2$）

图 5-33 描述了发生火灾情况下死亡人数、火灾蔓延时间及行人密度的相互关系（$W=20$，$L=1$，四个门，火灾发生数量为 1）。从图中可以看出，当火灾的蔓延时间较小，即火灾的扩散速度较快时，随着行人密度的增加，疏散空间内的死亡人数增加。这是因为火灾扩散速度较快，行人遇险的概率增大，很多行人还没有到达安全出口就已经

遇险，因此随着行人密度的增加，死亡人数也会相应地增多；当火灾蔓延时间增大，即火灾的扩散速度较慢时，死亡人数随行人密度增加的变化趋势虽然也是增长的，但是增长幅度较小，这是由于此时火灾的扩散速度较慢，行人可以在处于危险之前到达安全出口，进而离开疏散空间，因此遇险的概率也相应地减少。

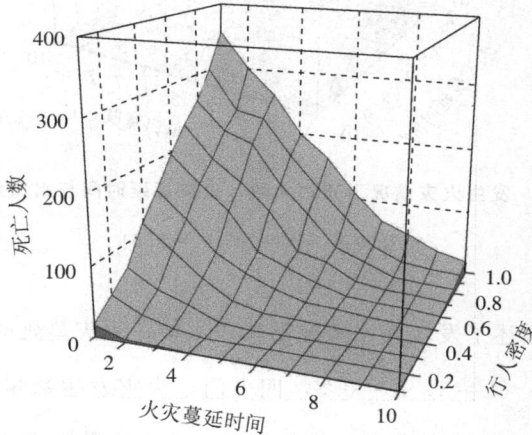

图 5-33   发生火灾情况下死亡人数、火灾蔓延时间与行人密度的相互关系（$W=20$，$L=1$）

图 5-34 描述了发生火灾情况下死亡人数、火灾蔓延时间及出口宽度的相互关系（$W=20$，$K=0.3$，四个门，火灾发生数量为 1）。从图中可以看出，当火灾的蔓延时间保持不变时，随着出口宽度的增加。疏散空间内死亡人数减少，这是由于出口宽度增加，安全出口通行能力增加，短时间内通过安全出口截面的疏散行人增多，因此死亡人数减小；当火灾蔓延时间较长时，出口宽度的增加对死亡人数基本没有影响，这是由于火灾此时的蔓延速度较小，行人可以在火灾还没有危及自己的疏散路径及生命之前，快速地离开疏散空间，因此出口宽度对死亡人数的影响较小。

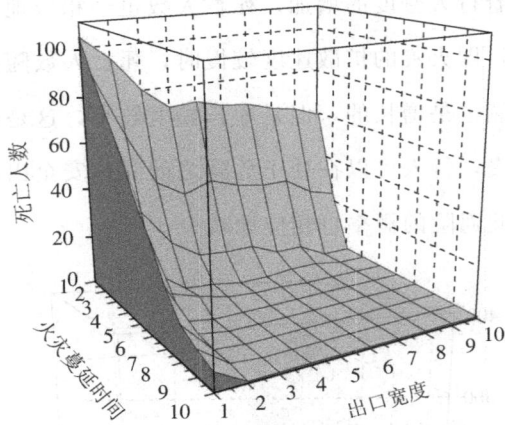

图 5-34   发生火灾情况下死亡人数、火灾蔓延时间与出口宽度的

相互关系（$W=20$，$K=0.3$）

图 5-35 描述了发生火灾情况下死亡人数、火灾蔓延时间及系统规模的相互关系（$L=3$，$K=0.3$，四个门，火灾发生数量为 1）。从图中可以看出，当火灾的蔓延时间较短时，死亡人数随着系统规模的增

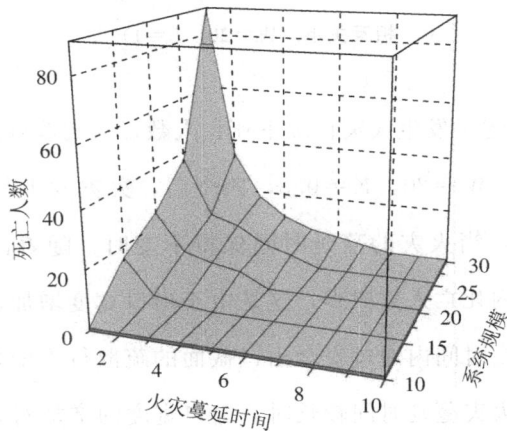

图 5-35   发生火灾情况下死亡人数、火灾蔓延时间与系统规模的

相互关系（$L=3$，$K=0.3$）

加而逐渐增加，这是因为此时火灾扩散速度较快，系统规模的增加，意味着行人所在位置到安全出口距离增加，行人遇险的概率也同时增加，因此死亡人数上升；随着火灾蔓延时间的增长，火灾扩散速度减缓，行人离开危险区域和疏散空间的概率增加，因此死亡人数下降。

图 5-36 为系统规模 $W=20$，出口宽度 $L=3$（四个门），行人密度 $K=0.5$，元胞容量为 2，火灾的蔓延时间为 $T_{fire}=2$ 时，发生火灾情况下的人群疏散模拟图。模拟初始时［图 5-36(a)］，行人随机分布在疏散空间内，火灾位置为（14，7），仿真开始后，行人会根据安全出口的位置及视野范围内行人的数量选择下一时间步的位置，此时火灾每两个时间步向周围邻域扩散一个元胞［图 5-36(b)、(c)、(d)］，行人在疏散时，如果进入火灾区域，则认为行人死亡，直到最后一个行人离开疏散空间位置，仿真过程结束。

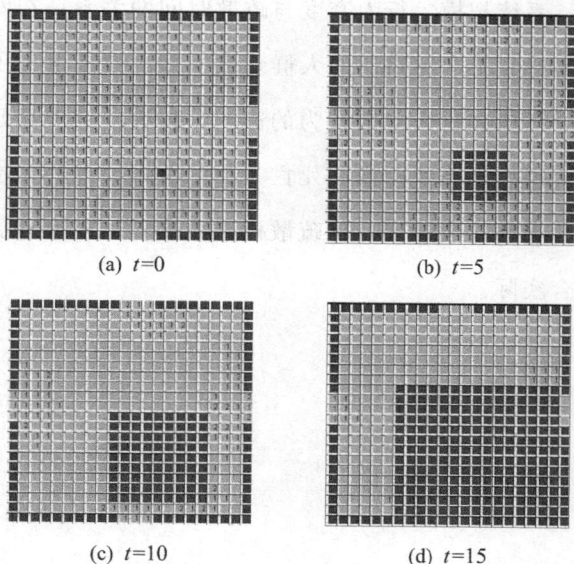

(a) $t=0$　　　　　　　　　　(b) $t=5$

(c) $t=10$　　　　　　　　　(d) $t=15$

图 5-36　发生火灾情况下行人疏散模拟（$W=20$，$L=3$，$K=0.5$，$T_{fire}=2$）

5.4　本章小结

　　本章从视线受影响情况下的人群疏散、存在挤压情况下的人群疏散及发生火灾情况下的人群疏散三个方面来对紧急情况下的人群疏散模型进行研究。在视线受影响的情况下，本书从无疏散标志的人群从众疏散和有疏散标志的人群沿墙体疏散两个角度进行了研究，引入了行人视野半径的概念，并分析了行人视野半径、行人密度、出口宽度对疏散时间的影响；在发生挤压的情况下，本书构建了元胞容量可变的 CA 模型，模型从方向参数和从众参数两个方面进行了考虑，分析了出口宽度、系统规模、行人密度与疏散时间的关系；在发生火灾的情况下，本书建立了存在挤压的人群疏散模型，模型考虑了火灾的发生对系统的领域值和行人疏散行为的影响，分析了火灾蔓延时间、出口宽度、行人密度、系统规模与死亡人数的关系。最后，本书仿真了三种情况下的人群疏散过程，从疏散模拟图来看，模型和更新规则较为合理并符合实际。

6 研究总结及展望

6.1 主要研究结论

本书以行人的交通特征为依据，针对不同的交通状态分别建立了低、高密度下的行人视频检测方法；根据行人在不同疏散环境下的微观特征，本书分别对无障碍情况下的人群疏散、存在障碍情况下的人群疏散、视线受影响情况下的人群疏散、存在挤压情况下的人群疏散、发生火灾情况下的人群疏散进行了研究并建立了相应的理论模型。

本书的主要研究工作如下。

第一，本书介绍了元胞自动机的定义、构成和特征，阐述了行人视频检测与人群疏散模型的国内外研究现状及基础理论。

第二，根据低密度状态下的行人交通特性，本书提出了基于运动的行人检测方法，采用改进的混合高斯模型得到运动前景，应用 Kalman 滤波和 Mean-Shift 算法对运动目标进行跟踪预测，通过 BP 神经网络对运动个体进行分类，进而得到了行人的运动信息；在分析高密度行人运动特征的基础上，本书提出了基于人头的行人检测方法，采用混合颜色模型确定候选人头区域，应用 Canny 算法与小波变换法提取人头轮廓，利用 Hough 变换进行圆环检测，对人头进行精确定位并统计行人流量。

第三，在无障碍情况下的人群疏散模型研究中，模型仿真得到了安全出口的最优配置和布局，并考虑在单个和多个安全出口条件下，安全出口宽度、行人密度、系统规模与行人疏散时间的相互关系；在有障碍物的情况下，本书利用 Dijkstra 法计算了疏散空间的静态领域参数值，考虑了障碍物位置变化对疏散时间的影响，同时分析了障碍物的瞬时移动对疏散时间的影响，分析了障碍物移动时间、疏散时间、行人密度之间的相互关系。

第四，本书在视线受影响情况下，从无疏散标志的人群从众疏散和有疏散标志的人群沿墙体疏散两个角度分析了行人视野半径、行人密度、出口宽度和系统规模对疏散时间的影响；在存在挤压的情况下，本书建立了元胞容量可变的 CA 模型，分析了出口宽度、系统规模、行人密度与疏散时间的关系；在发生火灾的情况下，本书建立了存在挤压的人群疏散模型，模型考虑了火灾的发生对系统的领域值和行人疏散行为的影响，分析了火灾蔓延时间、出口宽度、行人密度、系统规模与死亡人数的关系。

6.2 研究展望

行人交通是近几年交通领域研究的重点和热点，尤其是对行人疏散理论的研究已到了百花齐放的程度，由于行人运动具有灵活性、复杂性和不确定性，因此各种模拟模型的准确性也有待商榷。本书基于不同的交通状态提出了相应的行人视频检测方法；根据行人在不同疏散环境下的微观特征，建立了相应的理论模型和移动规则；根据疏散方案的目标建立了相应的评价体系和评价模型。本书的研究虽然取得了一定的成果，但为了丰富和完善行人疏散理论，仍需要从以下几个方面进行深入的探讨。

第一，在高密度情况下的行人视频检测方法中，由于人头可描述的特性较少，目前只能检测出行人的流量，不能精确地捕捉行人的运动轨迹，因此需要对方法进行深入的研究和探讨。

第二，在实际的疏散过程中，由于亲缘关系，经常会出现某些行人自始至终都不会发生分离，如抱着小孩的父母、热恋中的情人等，因此在今后的研究中需要考虑亲缘关系对疏散过程的影响。

第三，在紧急情况下，由于行人的高度紧张，可能会导致踩踏事故的发生，此时疏散特性和行走规则将会发生变化，因此在今后的研究中，模型可针对事故发生时的行人疏散过程进行仿真模拟。

第四，由于实验条件的限制及行人安全的考虑，本书并未对紧急情况下的行人疏散进行相关实验，因此在今后的研究中，需要收集相应的视频及数据。

第五，行人疏散是一个复杂的过程，尤其是在突发事件和紧急情况下，模型不可能考虑到所有的影响因素，因此模型可以从非确定性选择的角度对行人疏散进行进一步的研究。

参考文献

［1］ALI A T，DAGLESS E L. Vehicle and pedestrian detection and tracking ［C］. London：Proceedings of IEEE Colloquium on Image Analysis for Transport Applications，1990.

［2］NAKAMURA E，KEHTARNAVAZ N，CHANG E，et al. Quantification of pedestrian flow parameters along crosswalks ［C］. Houston：Proceedings of the Intelligent Transportation Systems Meeting，1996.

［3］HARITAOGLU I，HARWOOD D，DAVIS L S. Ghost：A human body part labeling system using silhouettes ［J］. Proceedings of 14th International Conference on Pattern Recognition，1998（1）：77－82.

［4］HOOGENDOORN S P，BOVY P H L. Gas－kinetic modeling and simulation of pedestrian flow ［J］. Transportation Research Record，2000，1710：28－36.

［5］KARDI T，TAKEYAMA Y，INAMURA H. Determination of Pedestrian Flow Performance Based on Video Tracking and Microscopic Simulations ［C］. Japan：Proceedings of Infrastructure Planning Conference Ashikaga，2000.

［6］王亮，胡卫明，谭铁牛. 人运动的视觉分析综述 ［J］. 计算机学报，2002，25（3）：225－237.

[7] 赵明. 二维视觉对象分割 [D]. 杭州：浙江大学，2004.

[8] HARITAOGLU I，HARWOOD D，DAVIS L S. Hydra：multiple people detection and tracking using silhouettes [C]. [s. l.]：Proceedings of the 2nd IEEE Workshop on Visual Surveillance，1999.

[9] LIPTON A J，FUJIYYOSHI H，PATIL R S. Moving target classification and tracking from real time video [C]. [s. l.]：Proceedings of Applications of Computer Vision，1998.

[10] VIOLA P，JONES M J，SNOW D. Detecting pedestrians using patterns of motion and appearance [J]. Proceedings of International Conference on Computer Vision，2005，63（2）：153－161.

[11] DALAL N，TRIGGS B. Histograms of oriented gradients for human detection [C]. [s. l.]：Proceedings of IEEE International Conference on Computer Vision and Pattern Recognition，2005.

[12] NIYOGI S A，ADELSON E H. Analyzing and recognizing walking figures in XYT [C]. [s. l.]：Proceedings of IEEE Computer Society Conference on Computer Vision and Pattern Recognition，1994.

[13] ROHR K. Towards model based recognition of human movements in sequences [J]. CVGIP：Image and Understanding，1994，59（1）：94－115.

[14] LEFEERE S，FLUEK C，MAILLARD B. A fast snake based method to track football players [C]. Tokyo：Proceedings of IAPR International Workshop on Machine Vision Applications，2000.

[15] WREN C R，AZARBAYEJANI A，DARRELL T，et al. Pfinder：Real time tracking of the human body [J]. IEEE Trans-

actions on Pattern Analysis and Machine Intelligence，1997，19（7）：780 - 785.

[16] SEGEN J，PINGALI S. A camera based system for tracking people in real time [C]. [s. l.]：Proceedings of International Conference on Pattern Recognition，1996.

[17] HEIKKILA J，SILVEN O. A real time system for monitoring of cyclists and pedestrians [J]. Image and Vision Computing，2004，22（7）：563 - 570.

[18] FRUIN J J. Designing for pedestrians：A level of service concept [J]. Highway Research Record，1971，355（12）：1 - 15.

[19] HUGHES R L. The flow of large crowds of pedestrians [J]. Mathematics and Computers in Simulation，2000，53（4 - 6）：367 - 370.

[20] 徐尉南，吴正. 地铁候车厅客流运动的数学模型 [J]. 铁道科学与工程学报，2005，2（2）：70 - 75.

[21] 吴正，王昀，沈俊彦. 地铁候车厅客流疏散时间的数学模型研究 [J]. 复旦学报（自然科学版），2006，45（5）：594 - 598.

[22] 胡青梅. 大型公共建筑环境中人群拥挤机理及群集行为特性的研究 [D]. 北京：北京交通大学，2006.

[23] MURALEETHARANT T，ADACHIT T，UCHIDA K E，et al. A study on evaluation of pedestrian level of service along sidewalks and at intersections using conjoint analysis [J]. Proceedings of Infrastructure Planning，2003，28：290 - 294.

[24] SISIOPIKU V P，AKIN D. Pedestrian behaviors at and perceptions towards various pedestrian facilities：an examination based on observation and survey data [J]. Transportation Research

Part F，2003，6 (4)：249 - 274.

[25] ITAMI R M. Estimating capacities for pedestrian walkways and viewing platforms：A Report to Parks Victoria [R]. Australia：GeoDimensions Pty Ltd，2002.

[26] OSWALD M，LEBEDA C，SCHNEIDER U，et al. Full Scale Evacuation Experiments in a smoke filled Rail Carriage：a detailed study of passenger behavior under reduced visibility [C]. [s. l.]：Pedestrian and Evacuation Dynamics，2005.

[27] 王志. 城市道路行人过街立交设施服务性能综合评级体系研究 [D]. 西安：长安大学，2004.

[28] 张琦，韩宝明，鲁放. 城市轨道交通枢纽的动态评价方法研究 [J]. 都市快轨交通，2007，20 (6)：41 - 44.

[29] FLORIAN M，MAHUT M，TRAMBLAY N. A hybrid optimization mesoscopic simulation dynamic traffic assignment model [C]. [s. l.]：Proceedings of the 2001 IEEE Intelligent Transport Systems Conference，2001.

[30] HOOGENDOORN S P，BOVY P H L. Gas kinetic modeling and simulation of pedestrian flow [J]. Transportation Research Record，2000，1710：28 - 36.

[31] HELBING D，MOLNAR P. Social force model for pedestrian dynamics [J]. Physical Review E，1995，51 (4)：4282 - 4286.

[32] HELBING D，FARKAS I，VICSEK T. Simulating dynamical features of escape panic [J]. Nature，2000，407：487 -490.

[33] PARISI D R，DORSO C O. Microscopic dynamics of pedestrian evacuation [J]. Physica A，2005，354：606 - 618.

［34］SEYFRIED A，STEFFEN B，LIPPERT T. Basics of modeling the pedestrian flow ［J］. Physica A，2006，368（1）：232－238.

［35］TAKIMOTO K，NAGATANI T. Spatio temporal distribution of escape time in evacuation process ［J］. Physica A，2003，320：611－621.

［36］NAGAI R，FUKAMACHI M，NAGATANI T. Evacuation of crawlers and walkers from corridor through an exit ［J］. Physica A，2006，367：449－460.

［37］SONG W G，XU X，Wang B H，et al. Simulation of evacuation processes using a multi－grid model for pedestrian dynamics ［J］. Physica A，2006，363：492－500.

［38］ISOBE M，HELBING D，NAGATANI T. Experiment，theory，and simulation of the evacuation of a room without visibility ［J］. Physical Review E，2004，69：066132.

［39］ZHAO D L，YANG L Z，Li J. Exit dynamics of occupant evacuation in an emergency ［J］. Physica A，2006，363（2）：501－511.

［40］VARAS A，CORNEJO M D，MAINEMER D，et al. Cellular automaton model for evacuation process with obstacles ［J］. Physica A，2007，382（2）：631－642.

［41］WENG W G，CHEN T，YUAN H Y，et al. Cellular automaton simulation of pedestrian counter flow with different walk velocities ［J］. Physical Review E，2006，74：036102.

［42］KIRCHNER A，SCHADSCHNEIDER A. Simulation of evacuation processes using a bionics inspired cellular automaton model for pedestrian dynamics ［J］. Physica A，2002，312（1－2）：260－276.

［43］KIRCHER A，KLUPFEL H，NISHNARI K，et al. Simulation of competitive egress behavior: Comparison with aircraft evacuation data [J]. Physica A, 2003, 324 (3 – 4): 689 – 697.

[44] KIRCHNER A, NISHINARI K, SCHADSCHNEIDER A. Friction effects and clogging in a cellular automaton model for pedestrian dynamics [J]. Physical Review E, 2003, 67 (2): 056122.

[45] 李得伟, 韩宝明, 鲁放. 基于多智能体的交通枢纽微观仿真研究 [J]. 都市快轨交通, 2006, 19 (5): 48 – 51.

[46] 李得伟, 韩宝明, 张琦. 基于动态博弈的行人交通微观仿真模型 [J]. 系统仿真学报, 2007, 19 (11): 2590 – 2593.

[47] NISHINARI K, SUGAWARA K, KAZAMA T. Modeling of self – driven particles: Foraging ants and pedestrians [J]. Physica A, 2006, 372 (1): 132 – 141.

[48] 岳昊. 基于元胞自动机的行人流仿真模型研究 [D]. 北京: 北京交通大学, 2008.

后　记

　　本书是在本人的博士学位论文基础上进行修改的，在本书的撰写阶段，北京交通大学交通运输学院的师生对于本书提出了许多宝贵意见，在此向他们表示衷心的感谢。本书的研究工作获得了"973 计划"项目"大城市交通拥堵瓶颈的基础科学问题研究（2006CB705500)"和"大城市综合交通系统的基础理论与实证研究（2012CB725400)"，新世纪优秀人才计划（NCET－07－0057)，国家自然科学基金（71071013，71001004，71071012，71131001)，北京市自然科学基金（9093020)，中央高校基本科研业务费专项资金（2011YJS241)的资助，谨此致谢。